国谷裕子と考える

SDGsと食料危機

1 食料危機とはなにか？

監修
国谷裕子

もくじ

4 日本にもある食料不足

5 世界に依存《いぞん》している日本の食料

調べてみよう・話し合ってみよう

はじめのマンガ

ねぇ、なんでこんな本かりてきたの？
食料危機《きき》って、なにさ？
去年から食べ物の値上《ねあ》がりがすごいから、そのことじゃない？
高くて買えやしない!!
×××円
肉まん
危機《きき》って、値上《ねあ》がりのことか。そういえばママが……
ウクライナで戦争が始まってからよね
戦争で小麦が輸出《ゆしゅつ》できなくなって、小麦粉《こむぎこ》の国際価格《こくさいかかく》が値上《ねあ》がりしたんだって
なんでそんなこと知ってんのさ？
きみは授業《じゅぎょう》を聞いてないねぇ～
テストに出るかもしれないよ
だから本まで借りてね……
ああ、そうか。じゃあ、覚えとこう。食料危機《きき》って食べ物の値上《ねあ》がりのことね
うん。たぶん、そういうこと
ジャーン!!
値上《ねあ》がりだけなら、まだいいんだけどねぇ
ゲーゲッ
この本の人だ!!
食料危機《きき》って、あなたたちが大きくなったとき、いまみたいに自由にものが食べられないかもしれないっていう、もう少し大きな問題のことなのよ
どう思う？
ギョギョ

あなたたちが好きな、ハンバーガーやパスタ、お肉やおすし。もちろんクレープやケーキなどのスイーツもね
そんなぁ
えーと、ク・ニ・ヤ先生。ぼくたちが大人になったときだけ食べ物がないなんて、不公平じゃん
先生、それって、いつのことですか？
先生じゃなくて、国谷《くにや》さんでいいよ
そう遠い未来じゃないかも。もう世界ではとっくに始まっているから
あなたたちもSDGsのことは、学校で習ったよね
GOALS
そのなかに、飢餓《きが》をゼロに。食べられない人たちをなくそうっていう目標、なかった？
2 飢餓を ゼロに
うん。あった、あった
雨不足による干《かん》ばつで飢餓状態《きがじょうたい》となり、栄養失調で苦しむ子どもたち（2022年6月ソマリア）
日本は食べられるから関係ないと思えば、まだ食料危機《きき》は起こっていないことになるけど、あなたたちはどう思う？
…………。
未来の食料危機《きき》も心配だけど、まずは現在《げんざい》の食料危機のことを考えてみない？
いまの危機を解決《かいけつ》できれば、未来の食料危機も乗り越《こ》えられると思うの
ほんとですか。ぼく、飢餓《きが》をなくしたいです
わたしたちにできること、ありますか？
（写真提供:AP/アフロ）

いま、世界の食料はね、ひとつの大きなテーブルの上にあって、世界の国ぐにがそれを取り合って食べているようなものなの
貧《まず》しい国の人たちには、回らないんだね
戦争のせいで、テーブルの小麦や食用油の絶対量《ぜったいりょう》が減《へ》ってしまったから、いままた飢餓《きが》が広がってるの
うまく分ければ、絶対量《ぜったいりょう》は足りているのにね
ふたりは、ふだん食べているものの多くが外国の作物からつくられてるってこと……
知ってるかな？
パンもラーメンもうどんもパスタも
納豆《なっとう》や豆腐《とうふ》、ケーキやお菓子《かし》も

納豆《なっとう》や豆腐《とうふ》もですか？
ケーキもお菓子《かし》も日本の会社がつくってるけど……
みんなあのテーブルから持ってきた小麦や大豆からつくられてるのよ
毎朝食べてるパンの小麦粉《こむぎこ》は、アフリカの子どもたちに渡《わた》らずに、日本が買ってきた小麦粉ってことですか⁉
知らなかった…
どうして豊《ゆた》かな食事をする国と飢餓《きが》に苦しむ国があるのか
わたしたちの食事がどのくらい外国にたよっているのか　それを知るところから勉強してみたら
豚肉《ぶたにく》やとり肉は日本でつくられてるから関係ないよね
家畜《かちく》を育てるエサは、輸入《ゆにゅう》した大豆やトウモロコシが中心。それもすごい量。関係ありよ
そういえば、ジャガイモが輸入《ゆにゅう》できないって、バーガーショップのポテトがなくなったこと、あったね
ああ、ハンバーガー…フライドポテト…
うん、あった
しょうがない。じゃあ、国谷《くにや》さんの本を読んで勉強するか

拡大《かくだい》している世界の飢餓《きが》

「食料危機《きき》」という言葉を知っていますか？　食料危機とは、食料不足が人間の生存《せいぞん》をおびやかすほど危機的な状態《じょうたい》になっていることをいいます。

現在《げんざい》、人口の増加《ぞうか》、気候変動による異常気象《いじょうきしょう》、水不足など、これから確実《かくじつ》に地球を襲《おそ》ってくるさまざまな問題によって、近い将来《しょうらい》に世界的な食料不足、深刻《しんこく》な食料危機がやってくるだろうと予測《よそく》されています。わたしたちは、その危機について正しい知識《ちしき》を身につけ、自分たちだけでなく地球全体で危機を乗り越《こ》えられるように行動していかねばなりません。

アフリカやアジア、中南米などの多くの貧《まず》しい国々《くにぐに》は、すでに食料不足が広い範囲《はんい》に広がっていて、国際《こくさい》的な食料援助《えんじょ》によってかろうじて飢餓をしのいでいる状態にあります。2022年4月、国連は、新型《しんがた》コロナウイルスの世界的流行によってふくれ上がった世界の飢餓人口は、ロシアのウクライナ侵攻《しんこう》によって今後さらに拡大《かくだい》するだろう、世界は第2次世界大戦以降《いこう》最大の食料危機に直面していると警告《けいこく》しました。食料危機は、人口が増加し気候変動や食料システムの機能《きのう》不全などによって世界的に食料が不足してしまう近未来の問題であると同時に、現在の国際社会が抱《かか》えている人道的な問題でもあるのです。

飢餓《きが》・食料不安の段階《だんかい》

飢《き》きん（IPCフェーズ5）

1万人に2人以上が餓死《がし》。人びとのカロリーは極端《きょくたん》に不足し、人口の30%以上が急性《きゅうせい》栄養不良。20%の家庭が極端な食料不足。

人道的危機《きき》（IPCフェーズ4）

極端《きょくたん》な食料不足で飢餓《きが》による死亡《しぼう》のリスクが急速に高まっている状態《じょうたい》。人口の15～30%が急性《きゅうせい》栄養不良。

急性《きゅうせい》食料不安（IPCフェーズ3）

最低限《さいていげん》の食料を得《え》るために必要不可欠《ふかけつ》なすべてのものを手放す状態《じょうたい》。得られる食料は限《かぎ》られ、人口の10～15%が急性栄養不良。

食料不安（IPCフェーズ2）

所得《しょとく》を維持《いじ》できない状態《じょうたい》にあり、食事は1人1日あたり必要最低限《さいていげん》の2100キロカロリー程度《ていど》。人口の5～10%が急性《きゅうせい》栄養不良。

食料が十分にある状態《じょうたい》（IPCフェーズ1）

安定した収入《しゅうにゅう》を得《え》て1人1日2100キロカロリー以上の量と質《しつ》の安定した食事ができている。栄養不良は人口の5%未満。

「総合的《そうごうてき》食料安全保障《ほしょう》レベル分類（IPC）」と呼《よ》ばれる食料危機《しょくりょうきき》に関する分類です。国連世界食糧計画《せかいしょくりょうけいかく》（WFP）ほかの機関が世界基準《きじゅん》として使っています。

【ことば】**飢餓《きが》**

「飢餓《きが》」とは、食料が十分でなく健康的な生活に必要な栄養やエネルギーを得《え》られない慢性《まんせい》的栄養不足状態《じょうたい》をいいます。食料不足が深刻《しんこく》になるにつれて、食料不安、急性《きゅうせい》食料不安、人道的危機《きき》、飢《き》きんなどと呼《よ》ばれることがあります。そうした状態にある人たちの多くは、内戦や紛争《ふんそう》、気象災害《きしょうさいがい》などのために身近に食料がなくなっている人たちですが、身近に食料があっても買うお金がなくて食料不足になっている人もいます。

●飢餓《きが》人口8億2800万人

2022年7月、国連は、飢餓《きが》の影響《えいきょう》を受けている2021年の世界の人口が8億2800万人になったと報告《ほうこく》しました。この年の世界の総《そう》人口78億7500万人の10.5%にあたります。その人数は、新型《しんがた》コロナウイルスの世界的流行以前からは1億5000万人増加《ぞうか》しているとしています。ということは、世界の飢餓人口は、新型コロナウイルスの流行以前から、7億人近くいたということです。

ハンガーマップ 2021 国ごとの栄養不足人口の割合《わりあい》を色分けして表した地図。世界の飢餓状況《きがじょうきょう》、世界の格差《かくさ》がひと目で分かります。

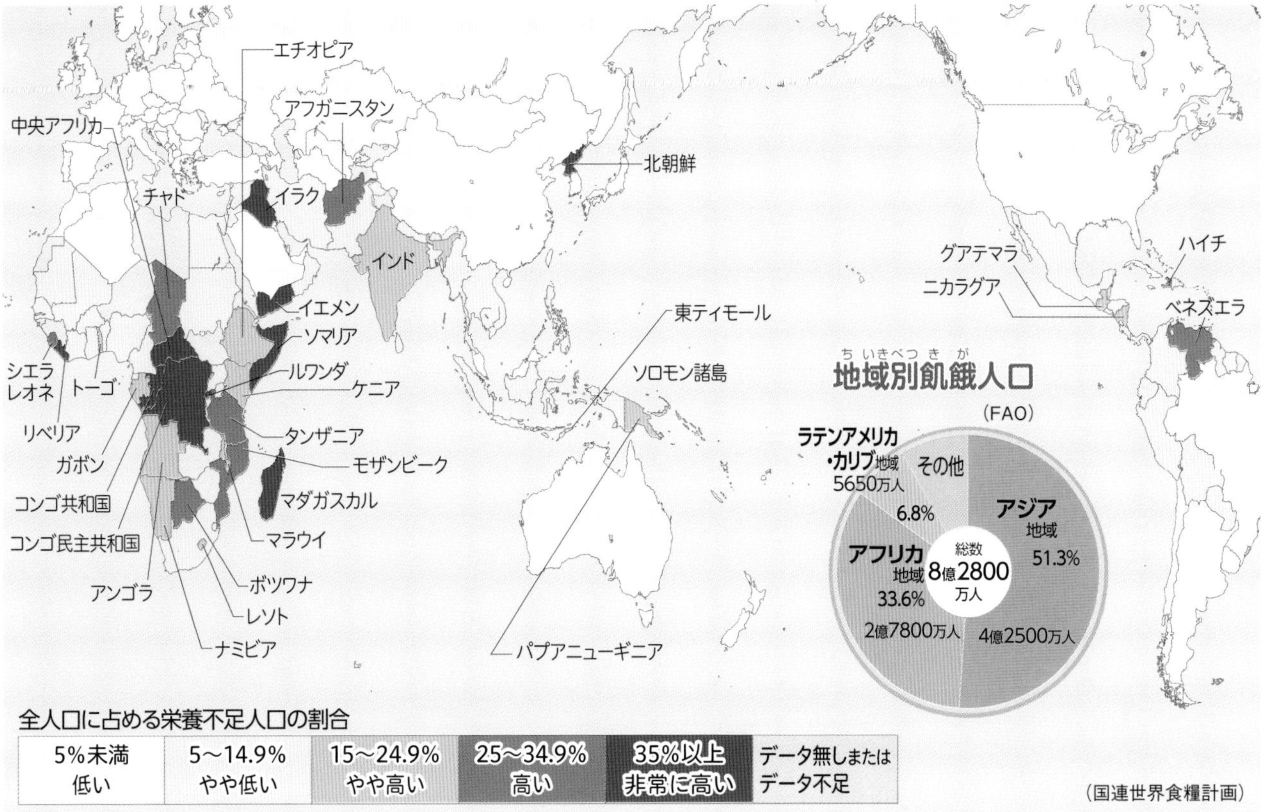

2015年に国連総会《こくれんそうかい》で採択《さいたく》され、現在《げんざい》世界各国で取り組まれている「SDGs（持続可能《かのう》な開発目標）」は、2030年までにあらゆる形態《けいたい》の飢餓と食料不安を終わらせることを目標の１つにかかげています。しかし最新の国連報告書《ほうこくしょ》は、このSDGsのゴールの1つ「飢餓をゼロに」について、世界は目標からさらに遠ざかっているとコメントしました。

世界各地で食料支援《しえん》活動を行っている国連機関の世界食糧計画《せかいしょくりょうけいかく》（WFP）は、食料危機《きき》の最大の原因《げんいん》は紛争《ふんそう》だといっています。2021年に紛争のために食料不足におちいっていた人の数は、24の国と地域《ちいき》の1億3900万人。異常気象《いじょうきしょう》で被害《ひがい》を受けた2300万人がそれに続くといいます。WFPは、アフリカのエチオピア、南スーダン、イエメン、マダガスカル南部で最も深刻《しんこく》な飢餓が進行しているとして、餓死《がし》を食い止めるための緊急《きんきゅう》行動を世界に要請《ようせい》しました。エチオピア、イエメンは国内紛争と干《かん》ばつなどによって、南スーダンは紛争と連続する洪水《こうずい》によって、マダガスカルは長期化する干ばつによって、国民の大多数が深刻な飢餓に見舞《みま》われているのです。

世界の栄養不足人口と全人口に対する割合《わりあい》

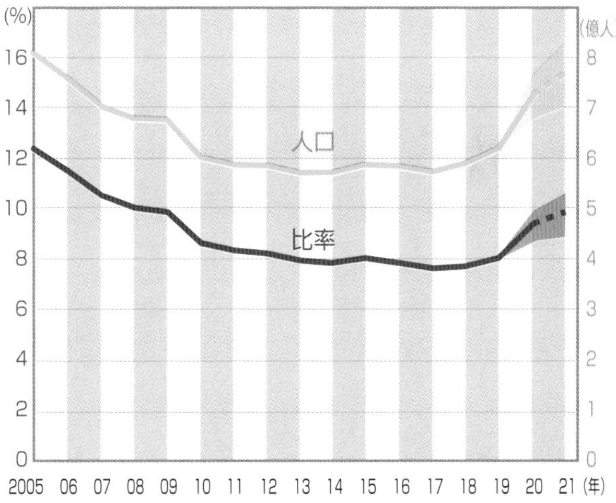

(国連食糧農業機関)

飢餓《きが》とたたかう国連世界食糧計画《せかいしょくりょうけいかく》（WFP）

2020年にノーベル平和賞《へいわしょう》を受賞《じゅしょう》した国連世界《せかい》食糧計画《しょくりょうけいかく》（WFP）は、飢《う》えや栄養不足に苦しむ人びとを飢餓《きが》から守るために食料支援《しえん》を行う国連機関で、世界最大の人道支援団体《だんたい》です。1961年に誕生《たんじょう》し、世界各国の拠出金《きょしゅつきん》や民間からの寄付《きふ》を資金《しきん》として、2万人以上のスタッフが世界で活動しています。

栄養不足で命を落とす子どもたち

食料危機《きき》に対して最も弱いのは幼《おさな》い子どもたちです。真っ先に生まれたばかりの乳児《にゅうじ》たちが命を落とします。食べ物が不足すると出産後の母親たちの母乳《ぼにゅう》の量や質《しつ》が悪くなり、乳児は成長に必要な母乳を飲むことができません。5歳《さい》未満の幼い子どもたちも栄養不良におちいり、命の危険《きけん》にさらされます。

食料危機の直接《ちょくせつ》の原因《げんいん》となる紛争《ふんそう》や気象災害《きしょうさいがい》は、被害《ひがい》を受けて家を捨《す》てた人びとに、食料不足をもたらすだけではありません。ほぼ間違《まちが》いなく衛生《えいせい》的な水が手に入らない生活環境《かんきょう》を強《し》いることになります。紛争や干《かん》ばつによって食料危機に見舞《みま》われているアフリカの開発途上国《かいはつとじょうこく》では、栄養不足と非衛生的《ひえいせいてき》な飲み水による感染症《かんせんしょう》によって、日々《ひび》多くの子どもたちが亡《な》くなっています。

●2022年、アフリカの食料危機《きき》が深刻化《しんこくか》

サブサハラ（サハラ砂漠《さばく》以南のアフリカ）諸国《しょこく》の多くは、人口の60％から80％が農村部に暮《く》らしています。その地域《ちいき》は、焼き畑農業が主流で、イモ類やトウモロコシ、陸稲《りくとう》（畑作の米）や小麦、ヒエ・アワといった雑穀《ざっこく》や野菜をつくる小規模《しょうきぼ》農家がほとんどです。そのサブサハラ地域では、1990年頃《ごろ》に約5億人だった人口が2019年に10億人を超《こ》え、人口が急増《きゅうぞう》しました。焼き畑農業は生《せい》産性《さんせい》が低く、肥料《ひりょう》を使っても農作物の生産量が人口の急増に追いついていません。

紛争《ふんそう》の被害《ひがい》や干《かん》ばつなどの災害《さいがい》がなくても経済《けいざい》的に弱い国ぐにでは慢性的《まんせいてき》に食料が不足しています。各国とも米・小麦など主要穀物《こくもつ》の輸入量《ゆにゅうりょう》が増《ぞう》加《か》していました。2022年、ウクライナで戦争が起こると、ロシアやウクライナから小麦を輸入《ゆにゅう》することが難《むずか》しくなり、サブサハラ地域の食料危機《きき》は一層深刻化《いっそうしんこくか》しました。現在《げんざい》この地域では、継続《けいぞく》的な国際《こくさい》食料援助《えんじょ》が求められています。

サブサハラの主な国の人口と穀物《こくもつ》生産量

国名	人口 (万人)	生産量 (万t)
ウガンダ	4585	344
エチオピア	1億2028	3025
ガーナ	3283	457
ケニア	5301	488
コートジボワール	2748	282
ザンビア	1947	369
ジンバブエ	1599	160
セネガル	1688	364
タンザニア	6359	1249
ナイジェリア	2億1340	2867
南アフリカ	5939	1824
モザンビーク	3208	195
ルワンダ	1346	75

（2021年）（2020年）

（世界国勢図会2022/23）

干《かん》ばつにより水不足に苦しむエチオピアの人びと（2017年1月）

（写真提供:アフロ）

●エチオピアの子どもたちに栄養の危機《きき》

エチオピアもサブサハラの国の1つです。2022年7月、ユニセフは、エチオピアで、干《かん》ばつがもたらす影響《えいきょう》から多くの子どもたちが重度の栄養不良におちいっていると報告《ほうこく》しました。4期連続して雨季になっても雨が降《ふ》らないため、井戸水が枯《か》れ、作物は収穫《しゅうかく》できず家畜《かちく》も死んでゆきました。多くの人びとが家を捨《す》てて避難《ひなん》生活を送っています。こうした異常《いじょう》気象による避難民は「気候難民《なんみん》」と呼《よ》ばれています。さらに、この年に始まったウクライナでの戦争で、輸入《ゆにゅう》できる小麦の量が減少《げんしょう》しました。エチオピアは、小麦の67%をロシアとウクライナから輸入していました。ある州では、5月に重度の急性《きゅうせい》栄養不良で入院した5歳《さい》未満児が前年に比《くら》べて43%増加《ぞうか》したといいます。ユニセフは、重度の急性栄養不良で治療《ちりょう》が必要になる子どもは年末までに60万人になるだろうと予測《よそく》しました。

世界の5歳《さい》未満児の死亡《しぼう》原因

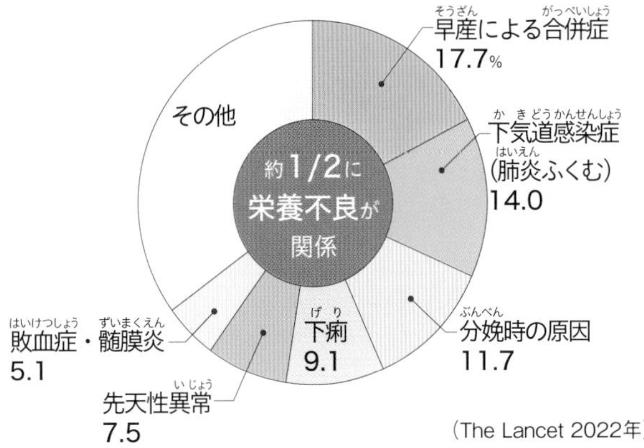

（The Lancet 2022年）

乳児《にゅうじ》と5歳《さい》未満児の年間死亡率《しぼうりつ》

	乳児死亡率	5歳未満児死亡率
エチオピア	3.7% 37人	5.1% 51人
サブサハラ全体	5.2% 52人	7.6% 76人
世界	2.8% 28人	3.8% 38人
日本	2人 0.2%	2人 0.2%

（2019年　1000人あたり）

（ユニセフ「世界子供白書2021」から作成）

日本で食品価格《かかく》が上昇《じょうしょう》

2022年春、小麦粉《こむぎこ》を原料とするパン、植物性《しょくぶつせい》油脂《ゆし》が原料の食用油を皮切りに、日本国内で食料品の価格上昇《かかくじょうしょう》が始まりました。麺類《めんるい》、マヨネーズ、しょうゆ、ハム・ソーセージ、お菓子《かし》などがそれに続きました。国内の農家がつくるジャガイモやタマネギなどの野菜もふくめ、ほとんどの食料品が大幅《おおはば》に値上《ねあ》がりしました。1990年代以降《いこう》、世界の経済《けいざい》成長から取り残されてきた日本は、長いあいだ、食料品など生活必需品《ひつじゅひん》の物価《ぶっか》は下がる傾《けい》向《こう》にありましたが、遠《とお》く離《はな》れた東ヨーロッパのウクライナで戦争の危機《きき》が高まってきた2022年1月ごろから植物性食用油と小麦の国際《こくさい》価格が急上《きゅうじょう》昇《しょう》、これをきっかけに日本国内で食料品価格の上昇が始まったのです。

2022年の世界食料価格《かかく》指数の変化
(2014～16年の平均《へいきん》価格を100とした比率《ひりつ》)

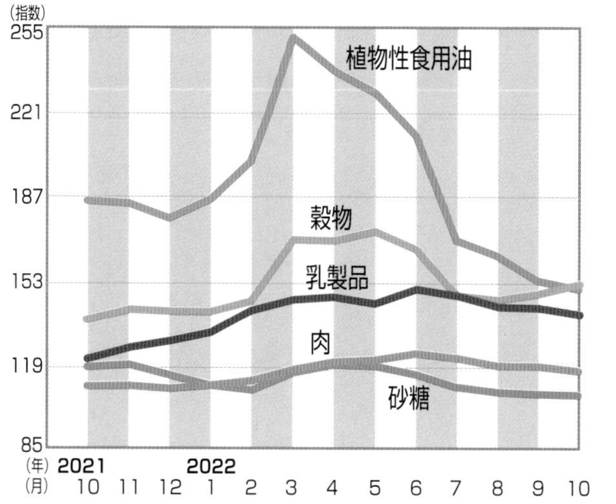

(FAO)

●ウクライナの戦争と日本の食品価格上昇《かかくじょうしょう》

東ヨーロッパの国ウクライナは、日本の約1.6倍の国土面積をもち、小麦と大麦の輸出量《ゆしゅつりょう》が世界第5位と第2位、トウモロコシは第4位で、「ヨーロッパのパンかご」とか「世界の穀物《こくもつ》倉庫」とか呼《よ》ばれてきた穀物の輸出国でした。そのウクライナに、2022年2月、国境《こっきょう》を接《せっ》する東の大国ロシアが軍隊を侵攻《しんこう》させて戦争が始まりました。ロシアの一方的な軍事侵攻をアメリカ・ヨーロッパ諸《しょ》国《こく》・日本など世界の多数の国が非難《ひなん》し、武器《ぶき》を送るなどしてウクライナを支援《しえん》したため、ウクライナは国土防衛《ぼうえい》の戦いを継続《けいぞく》、ロシアも軍事侵略《しんりゃく》を止めようとはせず戦争は長期化しました。

ロシアがウクライナの貿易港《ぼうえきこう》を海上封鎖《ふうさ》したため、ウクライナは穀物輸出ができなくなりました。さらに先進国の多くが、ロシアとの貿易を制限《せいげん》するようになると、ロシアが小麦の輸出量では世界第1位でもあったため、小麦の国際供給量《こくさいきょうきゅうりょう》がたちまち不足、小麦価格《かかく》が急上昇《きゅうじょうしょう》しました。またウクライナとロシアは食用油の原料の1つであるヒマワリ油の半分以上を生産しています。食用油の価格も上がりました。どちらの国際価格も3か月ほどで下降《かこう》にむかいましたが、日本にあたえた打撃《だげき》は大きく、日本の小麦粉《こむぎこ》の企業《きぎょう》間物価指数はその後も上昇を続けました。

一方、新型《しんがた》コロナウイルスの世界的流行で経済《けいざい》活動の停滞《ていたい》を見こんだ中東諸国が原油生産を制限していたところへ、世界第2位の原油産出国のロシアが戦争を始めたことで、石油価格の上昇に拍《はく》車《しゃ》がかかりました。石油の値上《ねあ》がりは、農産物や食品の輸送《ゆそう》はもちろん、熱エネルギーとして石油

主な穀物輸出国《こくもつゆしゅつこく》

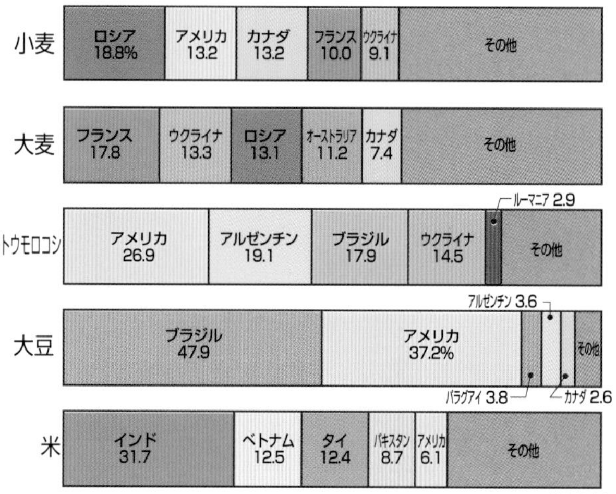

(2020年)

(世界国勢図会2022/23)

日本の穀物《こくもつ》輸入《ゆにゅう》相手国

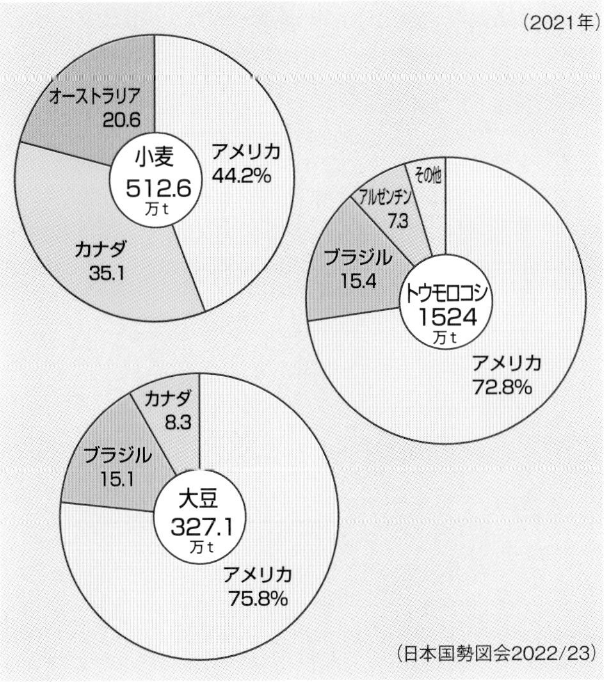

を使う食品加工業や作物栽培《さいばい》にも打撃をあたえたため、パンや食用油のように海外の原料価格の上昇が影響《えいきょう》した食品だけでなく、国内で生産される食料品の価格まで上昇させることになったのです。

このまま日本全体が食料不足や栄養不足におちいっていくということはなさそうですが、食料品の急激《きゅうげき》な価格上昇が「食料危機《きき》」とセンセーショナルに取り上げられたことから、人びとのあいだに食料危機のイメージが広まりました。

●ロシアのウクライナ侵攻《しんこう》が食料危機《きき》をもたらした地域《ちいき》

確《たし》かに、日本は国内で消費《しょうひ》する小麦の85％程《てい》度《ど》を海外からの輸入《ゆにゅう》に依存《いぞん》しています。そのため世界の小麦価格《かかく》の上昇《じょうしょう》は、国内で使用される小麦《こむぎ》粉《こ》の価格に直結し、パンや麺類《めんるい》、お菓子《かし》などを値《ね》上《あ》がりさせました。

しかし日本の場合輸入小麦は、自由貿易《ぼうえき》品目ではなく、重要穀物《こくもつ》として日本政府《せいふ》が買い付けを行っている農産物です。輸入先はアメリカ、カナダ、オーストラリアのほぼ3か国で、ウクライナは入っていません。ウクライナで起きた戦争の影《えい》響《きょう》ですぐに日本国内の小麦粉が不足し、わたしたちが食料危機《きき》におちいるといった事態《じたい》にはならないようです。

一方、ウクライナでの戦争によって小麦輸入が困難《こんなん》になったのは、経済力《けいざいりょく》のないアフリカやアジアの開発途上国《かいはつとじょうこく》です。価格の上昇で必要量を購入《こうにゅう》できなくなった開発途上国は、国内流通量が不足して大勢《おおぜい》の人たちが主食の小麦粉を手にできない状態《じょうたい》になりました。国際《こくさい》価格の上昇は、人道支援《しえん》団体《だんたい》などが緊急援助《きんきゅうえんじょ》用として購入する量も減少《げんしょう》させますから、こうした国々《くにぐに》では食料危機が深刻化《しんこくか》しています。

戦争の影響《えいきょう》で小麦や食用油の国際価格《こくさいかかく》が上がり、日本の食料品価格も値上《ねあ》がりしました（2022年10月大阪府のスーパー）

（写真提供:PIXTA）

武力紛争《ぶりょくふんそう》が食料危機《きき》をつくりだす

国連報告《ほうこく》によると、2021年の世界の飢餓《きが》人口は8億2800万人。新型《しんがた》コロナウイルスの流行後の増加《ぞうか》が1億5000万人といいますから、2019年以前、すでに世界では7億人近い人たちが食料不足にあえいでいたことになります。ここ数年のあいだに起きた新型コロナウイルスの世界的流行やロシアによるウクライナ侵攻《しんこう》といった突発的事《とっぱつてきじ》態《たい》にかかわりなく、以前からアフリカ、アジア、中南米などで食料危機《きき》をつくりだしていたものは何なのか、食料危機はなぜ起きるのかを考えていきましょう。

世界最大の食糧支援団体《しょくりょうしえんだんたい》である国連世界食糧計《せかいしょくりょうけい》画《かく》（WFP）は、食料危機を生みだす最大の原因《げんいん》は武力紛争《ぶりょくふんそう》だといっています。

世界の紛争地《ふんそうち》と飢餓《きが》

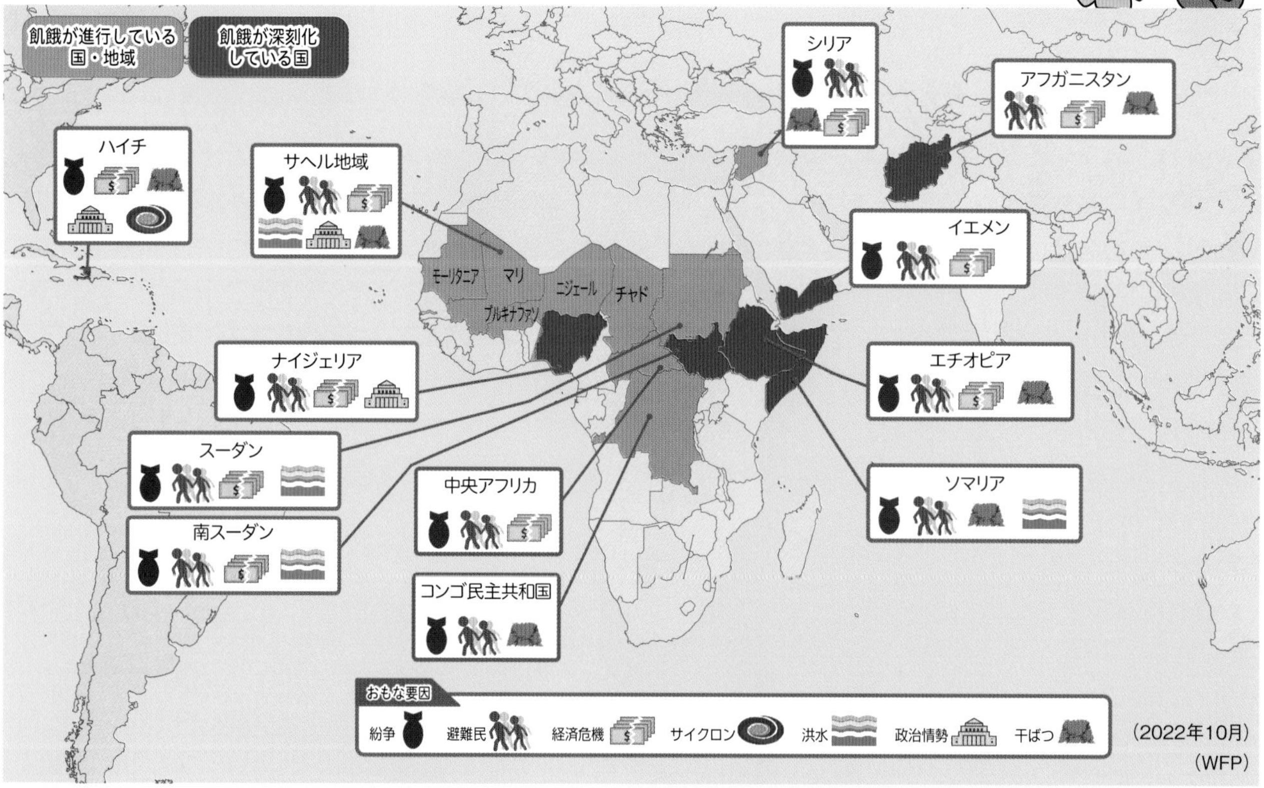

●紛争《ふんそう》、なくならない武力衝突《ぶりょくしょうとつ》

現在《げんざい》も、軍隊や軍事組織《そしき》によって戦闘《せんとう》が続けられている場所が世界の各地にあります。ウクライナとロシアのような国家と国家の武力衝突《ぶりょくしょうとつ》が「戦争」と呼《よ》ばれるのに対して、民族勢力《せいりょく》、宗教《しゅうきょう》勢力、政治《せいじ》勢力の軍事組織どうしによる武力衝突や、政《せい》府軍《ふぐん》と反政府軍（政府に抵抗《ていこう》する軍事組織）の衝突などは「紛争《ふんそう》」と呼ばれています。

テレビで報道《ほうどう》され日本国内で知られている紛争だけでも、東南アジアのミャンマーや中央アジアのアフガニスタンなどの紛争があります。ミャンマーの紛争は、軍事政権《せいけん》の軍隊（政府軍）と民主化勢力の軍事組織（反政府軍）による武力衝突です。アフガニスタンは、最近になって厳格《げんかく》なイスラム主義《しゅぎ》勢力のタリバンが政府を樹立《じゅりつ》しましたが、それまで長いあいだ内戦が続き、いまも尾《お》を引いています。日本ではほとんど報道されませんが、アフリカには民族や部族の対立から始まり、独立《どくりつ》や政権を争って続く紛争がいくつもあります。

●イエメン紛争《ふんそう》と食料危機《きき》

　中東のアラビア半島南端《なんたん》にある国イエメンは、内戦の継続《けいぞく》で「世界最悪の人道危機《きき》」にあるといわれています。イエメンは、人口約3300万人のアラブ民族の国です。南北に分断《ぶんだん》されてきた歴史《れきし》があり、イスラムでも宗派《しゅうは》のちがう政府軍《せいふぐん》と反政府軍の戦闘《せんとう》が8年も続いています。イエメンにかぎらず、武力衝突《ぶりょくしょうとつ》がはじまると兵隊たちによって村が焼かれ農地が荒《あ》らされ収穫物《しゅうかくぶつ》が奪《うば》われます。ときには兵隊にするために若者《わかもの》や子どもたちが連れ去られたりもします。人びとは命を守るために家を捨《す》てて隣国《りんごく》へ逃《に》げ出《だ》したり、国内のできるだけ安全な地域《ちいき》へと避難《ひなん》したりすることになります。

　2022年現在《げんざい》、イエメンでは420万人以上が家を追われて国内避難民となっています。その79%が女性《じょせい》と子どもです。長期間の内戦で、道路や橋などほとんどの公共設備《せつび》が破壊《はかい》されました。経済力《けいざいりょく》のない政府は国民に食料を配給することができず、国民の66%以上2070万人が緊急《きんきゅう》に食料支援《しえん》を必要とする状態《じょうたい》におちいっているのです。

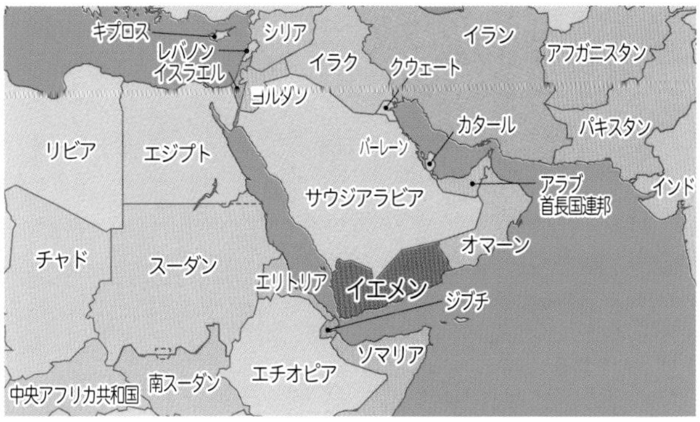

サウジアラビアを中心とした連合軍によって空爆《くうばく》を受けたイエメン市内（2021年3月イエメン）

（写真提供:Getty Images）

●アフガニスタンの食料危機《きき》

　西アジアの内陸国アフガニスタンは、人口約4000万人で、もともと小規模《しょうきぼ》な農家が牧畜《ぼくちく》や耕作《こうさく》を行う乾燥《かんそう》地帯の農業国でした。大国のソ連（いまのロシア）やアメリカが軍隊を送りこむ激《はげ》しい内戦が、半世紀《はんせいき》以上にわたって続いたため、灌漑設備《かんがいせつび》をふくめ耕作地の3分の1が破壊《はかい》されました。さらに大干《だいかん》ばつにも見舞《みま》われ、いまは世界最貧国《さいひんこく》のひとつとなってしまいました。

　2021年にアメリカの軍隊が撤退《てったい》しイスラム組織《そしき》のタリバンが政府《せいふ》をつくったことで、アフガニスタンの治安は回復《かいふく》しました。しかしその後のアフガニスタンは、アメリカなどが女性への人権弾圧《だんあつ》などを理由にタリバン政府を認《みと》めないために、国際《こくさい》社会の経済支援《けいざいしえん》を受けられず食料難《しょくりょうなん》が深刻化《しんこくか》しています。国連のWFPや民間NGO団体《だんたい》が食料支援を行っていますが、2022年には大きな地震《じしん》も起こり、国民の半数以上が食料不足にあえぐ厳《きび》しい食料危機《きき》に見舞われています。

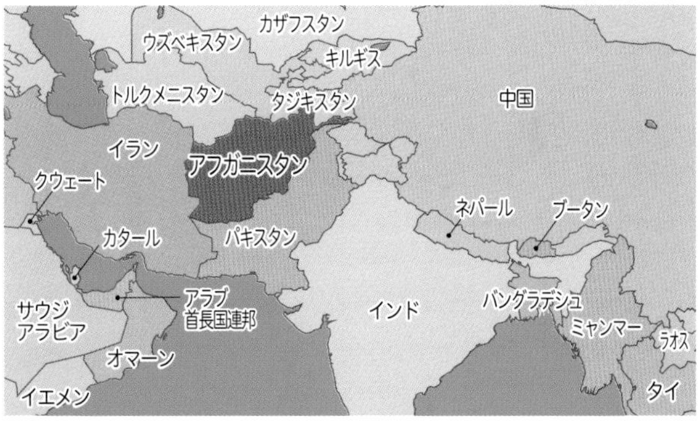

アフガニスタン地震《じしん》の救援物資《きゅうえんぶっし》をトラックに積《つ》み込《こ》む支援者《しえんしゃ》（2022年6月パキスタン）

（写真提供:Getty Images）

気候変動が拡大《かくだい》させる食料危機《きき》

産業革命《かくめい》以後、われわれ人類は、化石燃料《かせきねんりょう》の石炭・石油をエネルギー源《げん》として燃《も》やし続けてきました。この経済《けいざい》活動によって、大量の二酸化炭素《さんかたんそ》（CO_2）が大気中に排出《はいしゅつ》されたため、この100年間で地球の平均《へいきん》気温はおよそ1.0℃上昇《じょうしょう》したといわれています。この地球温暖化《おんだんか》が原因《げんいん》の気候変動が、いま世界の各地で極端《きょくたん》な気象災害《きしょうさいがい》を起こしています。そして、この異常《いじょう》高温、異常低温、熱波、寒波、干《かん》ばつ、豪雨《ごうう》、洪水《こうずい》、暴風雨《ぼうふうう》、山火事などの気象災害が、農作物の生産に悪影響《あくえいきょう》を及《およ》ぼすだけでなく、貧《まず》しい人びとの生活そのものを破《は》壊《かい》し、各地で食料危機《きき》をつくりだしているのです。

そもそも農業の歴史《れきし》は天候不順との闘《たたか》いの歴史でもあり、人類は昔から日照りや冷害、水害などと闘い続けてきました。しかし毎年連続して襲《おそ》ってくる大干ばつや、記録にない激《はげ》しさの豪雨・洪水など、異常気象がつくりだす近年の気象災害には、耕作地《こうさくち》や農業用水路など農業基盤《きばん》そのものを破壊してしまう激しい規模《きぼ》のものが多くあります。気候変動は開発途上国《かいはつとじょうこく》に食料危機を招《まね》く大きな要因《よういん》となっています。

世界の主な異常気象《いじょうきしょう》・気象災害《さいがい》（2020年）

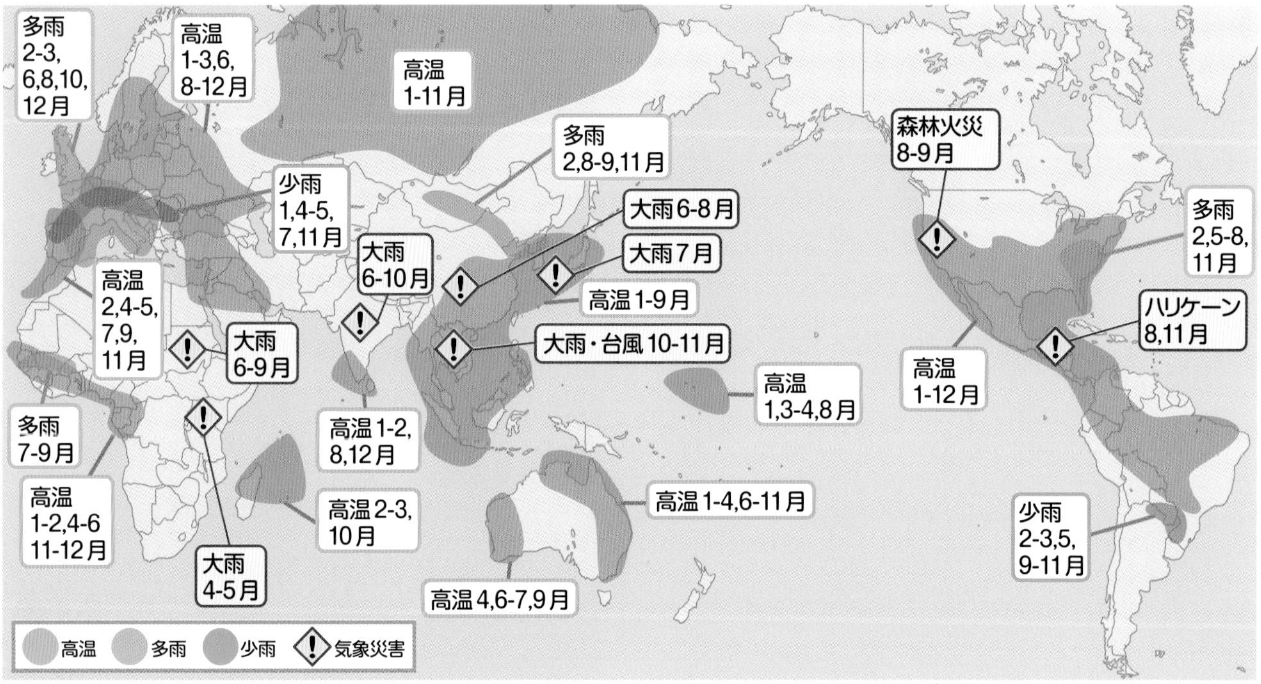

（気象庁）

●大干《だいかん》ばつで飢餓《きが》に見舞《みま》われているマダガスカル

マダガスカルは、アフリカ大陸の東、インド洋上にある島国です。サイクロン（インド洋の台風）に襲《おそ》われることも多いマダガスカルですが、近年になって気候変動の影響《えいきょう》から南部地域《ちいき》で極端《きょくたん》に降雨量《こううりょう》が減少《げんしょう》、4年連続の干《かん》ばつに見舞《みま》われました。干ばつにより農産物は収穫《しゅうかく》できず、人びとは自力で食料を手に入れることができなくなりました。バッタや生《なま》の赤いサボテンの実、野生の植物など、生きるために本来食料ではないものまで口にする厳《きび》しい生活に追いこまれているといいます。国連世界食糧計画《せかいしょくりょうけいかく》（WFP）は、マダガスカル南部で少なくとも147万人が緊急《きんきゅう》の食料と栄養支援《しえん》を必要とし、飢餓《きが》が最も深刻《しんこく》なアンボアサリアンモ地域では、約1万4000人が飢《き》きんに近い状態《じょうたい》におちいっていると世界に警告《けいこく》しています。

マダガスカルで、川床《かわどこ》に掘《ほ》った穴《あな》から水をくむ人たち（2020年11月）

（写真提供:AP/アフロ）

●バッタの大発生に襲《おそ》われたアフリカ東部

2020年の初め、アフリカ東部のエチオピア、ケニア、ソマリアなどでサバクトビバッタが大発生しました。1日に3万5000人分の農作物を食べつくしてしまうバッタの大群が、行く先々《さきざき》で大量の農作物を食《く》い荒《あ》らし、一帯に大きな食料不安をもたらしました。サバクトビバッタは、風に乗って1日に100キロ以上を移動《いどう》します。アフリカ東部で発生した大群は、移動先で繁殖《はんしょく》をくり返し、その後は海を渡《わた》ってサウジアラビアからパキスタン、インドへと移動、被害《ひがい》を広げていきました。

国連食糧農業機関《こくれんしょくりょうのうぎょうきかん》（FAO）の調査《ちょうさ》では、2021年7月時点で、エチオピア、ケニア、スーダン、ソマリア、イエメンで約3560万人が食料不安の状《じょう》態《たい》にあるとされました。

今回のサバクトビバッタの爆発《ばくはつ》的発生は、最初にアフリカ東部で起こりました。干《かん》ばつの続いていた土地にインド洋の海水温の上昇《じょうしょう》が異常《いじょう》な大雨をもたらし、バッタの繁殖に最適《さいてき》な環境《かんきょう》をつくりだしたためとされています。気候変動は、人間以外の生物にも影響《えいきょう》をあたえ、食料の確保《かくほ》を難《むずか》しくしています。

▶大発生したサバクトビバッタの群れを追い払おうとするケニアの少年（2021年3月）

（写真提供:AP/アフロ）

世界の穀物《こくもつ》は足りている!?

食料危機《きき》、食料不足といった問題で重要な食べ物は、米、小麦、トウモロコシといった穀物《こくもつ》です。穀物は、人間が活動するためのエネルギーをつくりだす基本的《きほんてき》な食料で、日本のわたしたちは、米のほか小麦を原料としたパン・麺類《めんるい》などを主食として食べています。主食となる食べ物は世界の国・地域《ちいき》によってさまざまです。小麦、米、トウモロコシの三大穀物が世界の主食の3分の2以上を占《し》め、そのほかライ麦などの穀物やジャガイモなどが主食のように食べられています。

世界全体でつくられている穀物は、本当に地球上から飢餓《きが》をなくすには足りないのでしょうか。世界の穀物生産量を見ると、その量は世界の全人口が食べていくのに十分なだけあるようです。では紛争《ふんそう》や災害《さいがい》が起きると開発途上国《かいはつとじょうこく》が食料危機におちいってしまうのはなぜなのでしょう。世界の穀物は、どこでつくられ、どのように消費《しょうひ》されているのでしょうか。

●世界の穀物《こくもつ》の生産量

右のグラフをみると、世界でつくられる穀物《こくもつ》は年を追うごとにその生産量を増《ふ》やしてきています。2020/21年の生産総量《そうりょう》は約27億8000万トンと見積もられています。2021年の世界の人口は約78億7500万人。生産されたすべての穀物を78億7500万人に平等に分配すると、1人あたり年間353キログラムになり、年間約154キログラムとされる日本人の消費量《しょうひりょう》の倍以上にあたります。開《かい》発途上国《はつとじょうこく》の食料危機《きき》は世界的に穀物が不足しているために起こっているわけではないのです。

穀物《こくもつ》生産量の変化

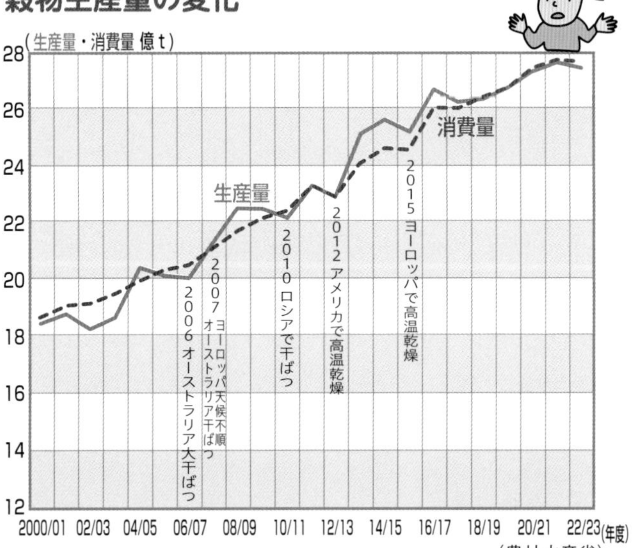

(農林水産省)

世界の主食を比《くら》べてみよう

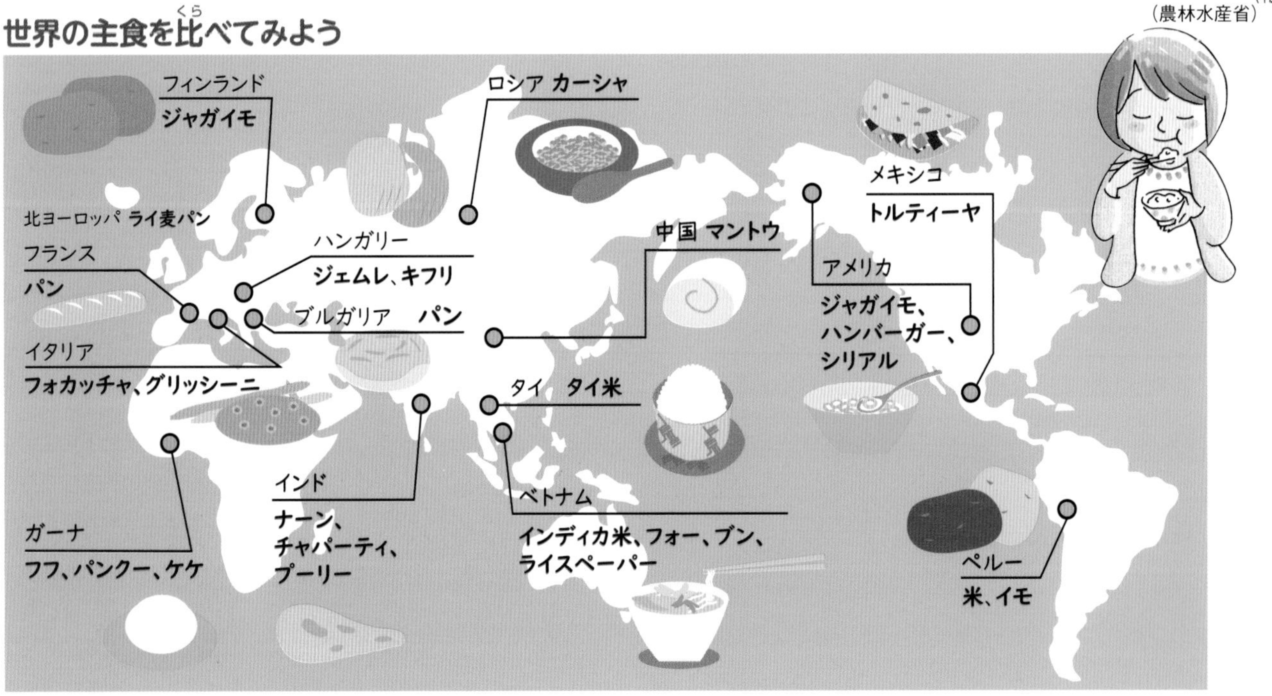

●穀物《こくもつ》の生産国と輸出国《ゆしゅつこく》・輸入国《ゆにゅうこく》

わたしたちは、先進国は情報《じょうほう》通信・科学技術《ぎじゅつ》・工業などの先端《せんたん》産業を、開発途上国《かいはつとじょうこく》は農業や鉱業《こうぎょう》など自然界から資源《しげん》を取り出すことを主要な産業にしていると思いがちです。しかし、世界の穀物《こくもつ》生産のグラフを見ると、その大部分は先進国と新《しん》興国《こうこく》で生産されています。開発途上国も地域《ちいき》の気候や土壌《どじょう》に合った作物の生産に力をそそいでいますが、農業は小規模《しょうきぼ》農家によって行われ、生産性《せいさんせい》も低く災害《さいがい》にも弱い不安定なものとなっています。外国からの投資《とうし》や援助《えんじょ》などの開発資金《しきん》は、農業以外の産業分野に投入されることが多いようです。

そのため多くの開発途上国は食料を輸入《ゆにゅう》に頼《たよ》っています。一方、気候にも恵《めぐ》まれ広い土地のある先進国の農業は、大規模な農家や企業《きぎょう》によって営《いとな》まれ、広い耕作地《こうさくち》に最新の機械と大量の農薬や肥《ひ》料《りょう》を投入して高い生産性を上げています。

2020/2021年度の世界の小麦の生産量は、約7億7310万トンでした。生産量の多い上位5か国とEU諸国《しょこく》で、世界の約87%を生産し、約71%を自分たちで消費《しょうひ》し、残りを輸出《ゆしゅつ》に回しています。経済《けいざい》成長著《いちじる》しい中国は、生産量世界一でありながら、さらに大量に小麦を輸入しています。

主な穀物《こくもつ》生産国・輸出国《ゆしゅつこく》・輸入国《ゆにゅうこく》

(2020年)

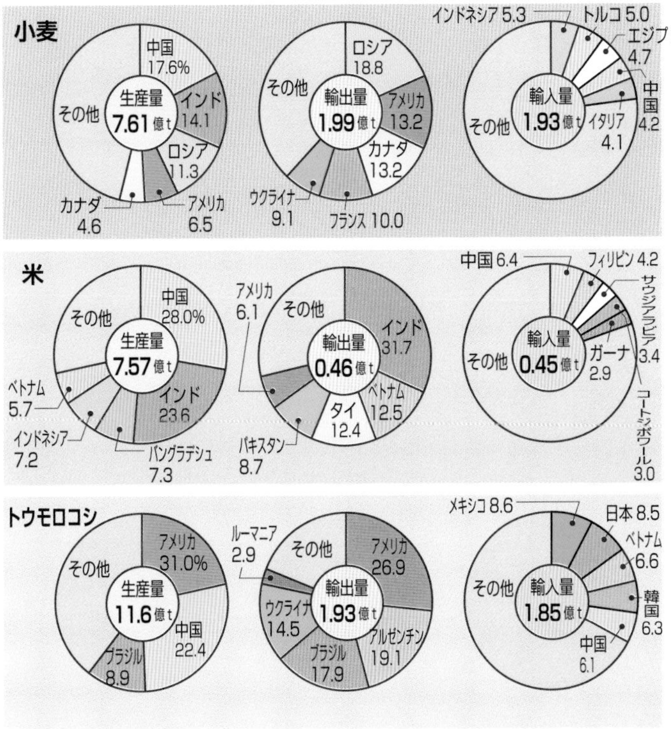

(世界国勢図会2022/23)

主な開発途上国《かいはつとじょうこく》の人口と穀物《こくもつ》

(2020年)

国名	人口 (万人)	生産量(万t)	輸入量(万t)		
		全穀物	小麦	米	とうもろこし
パキスタン	2億2719	4254	249		
バングラデシュ	1億6742	5996	601		221
イラン	8729	2201		111	620
コロンビア	5093	492	193		616
スーダン	4444	382	242		
アンゴラ	3342	242		49	
イエメン	3228	44	304	62	
モザンビーク	3117	195		106	
ネパール	2934	1093		88	
コートジボワール	2681	282		133	
ソマリア	1653	17		52	
ハイチ	1130	37		55	

空欄は不明

(参考：経済大国)

中国	14億2493	6億1551	815	290	1129
アメリカ	3億3594	4億3487	191	118	
日本	1億2524	1092	537	67	1577

(世界国勢図会2022/23)

大豆

日本でみそやしょうゆ、とうふなどの原料として利用される大豆は、食用油の原料にも利用される、栄養価《えいようか》の高い重要な作物です。主食として食べられることは少ないようですが、小麦やトウモロコシと同じように世界で取り引きされ、広い意味で穀物《こくもつ》にふくまれることもあります。

大豆の生産国・輸出国《ゆしゅつこく》・輸入国《ゆにゅうこく》

(2020年)

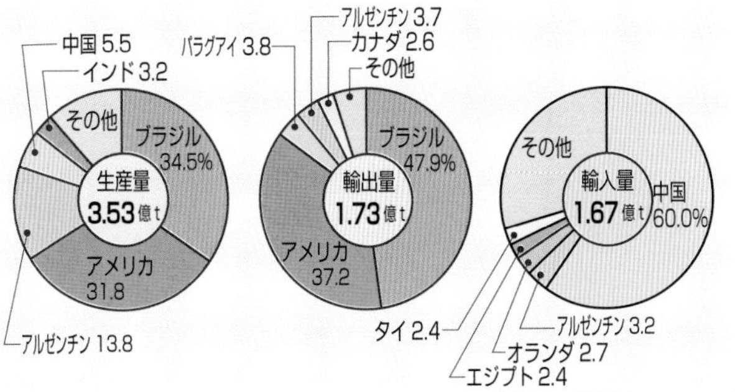

(世界国勢図会2022/23)

国境《こっきょう》を越《こ》えて取り引きされる穀物《こくもつ》

21世紀《せいき》の現代《げんだい》は、ばく大な量の穀物《こくもつ》が海を越《こ》え国境《こっきょう》を越えて輸出入《ゆしゅつにゅう》されています。日本は、主食の中心となっている米だけは国内で生産するようになっていますが、多くの国では、主食である穀物が輸入《ゆにゅう》作物になっているのです。穀物はもともと気象条件《きしょうじょうけん》などによって生産量が変化し価格《かかく》が上下するものですが、穀物が食用以外で利用されるようになり、その割合《わりあい》が高まってくると、国際《こくさい》穀物価格はさまざまな要因《よういん》で上下するようになりました。穀物価格の上昇《じょうしょう》は、経済力《けいざいりょく》の弱い開発《かいはつ》途《と》上《じょう》の国々《くにぐに》にとっては死活問題です。1972年には、異常《いじょう》気象によって世界が同時不作状態《じょうたい》になり価格が上昇、インドやアフリカの開発途上国などが食料不足になりました。2007年～2008年には石油価格値上《ねあ》がりの影響《えいきょう》などから価格が上昇、農産物の輸出禁止措置《ゆしゅつきんしそち》をとる国などもあって、多くの開発途上国で食料危機《きき》が起こりました。食料危機を解決《かいけつ》するには、世界の自由貿易《ぼうえき》による穀物流通システムを変えていく必要がありそうです。

穀物価格《こくもつかかく》の変化

（世界銀行コモディティマーケット）

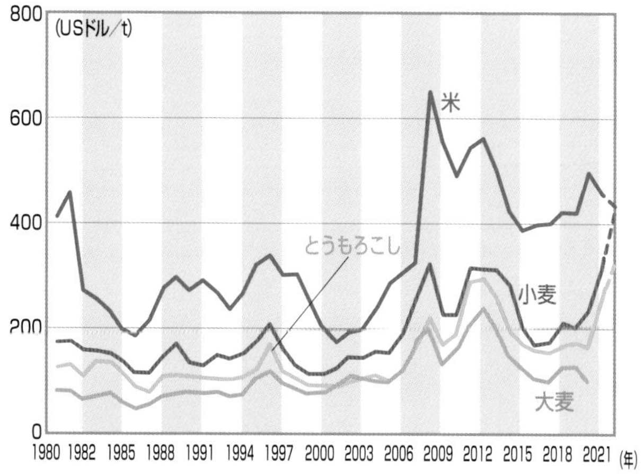

（写真提供:全農サイロ株式会社）

ADM（アメリカ）
ブンゲ（アメリカ）
カーギル（アメリカ）
ルイ・ドレフュス（フランス）
グレンコア（スイス）
が五大穀物《こくもつ》メジャーと
いわれているよ。

日本の三菱商事《みつびししょうじ》、伊藤忠商事《いとうちゅうしょうじ》、丸紅《まるべに》、住友商事なども同じような仕事をしているんだ。写真は穀物輸入《こくもつゆにゅう》の様子。

●穀物《こくもつ》メジャーの流通支配《しはい》と上昇《じょうしょう》する穀物価格《かかく》

穀物《こくもつ》の世界的流通を担《にな》っているのは、巨大《きょだい》な穀物専門《せんもん》の多国籍企業《たこくせききぎょう》で、「穀物メジャー」と呼《よ》ばれています。アメリカの大手穀物メジャーのほか、中国の国策《こくさく》会社、シンガポールやスイスの穀物商社などです。日本の商社の三菱商事《みつびししょうじ》や丸紅《まるべに》なども穀物メジャーといえます。全農も飼料《しりょう》用トウモロコシ・大豆では大きな取引量があります。

穀物メジャーは、ばく大な量の穀物の、買い付けから保管《ほかん》・管理・輸送《ゆそう》まで、穀物貿易《ぼうえき》のすべてを扱《あつか》っています。世界中から情報《じょうほう》を収集《しゅうしゅう》して、世界に安定的に穀物を供給《きょうきゅう》するといった役割《やくわり》を果たしながら、一方で、いつ、どこへ、どのくらい売れば一番利益《りえき》が出るのかを判断《はんだん》して取引を行っています。現在《げんざい》の国際《こくさい》的な穀物価格《かかく》は、自然条件《じょうけん》だけでなく穀物メジャーの影響《えいきょう》を大きく受けて上下するようになっています。

ランドラッシュ

　2008年の穀物価格《こくもつかかく》の上昇《じょうしょう》を受けて、穀物メジャーが開発途上国《かいはつとじょうこく》に大規模《だいきぼ》な農業投資《とうし》を行ったり、耕作地《こうさくち》を買収《ばいしゅう》したりする動きが活発化しました。また人口増加《ぞうか》が予測《よそく》されるなど自国の食料供給《きょうきゅう》に不安を覚える中国・韓国《かんこく》・インド・中東諸国《しょこく》などの新興国《しんこうこく》は、アフリカの開発途上国から広大な耕作地を買収したり、長期契約《けいやく》で借り上げたりして、生産した農作物を自国に輸《ゆ》入《にゅう》しようとしました。

　開発途上国への農業投資は、地元の農業の発《はっ》展《てん》や生活水準《すいじゅん》の向上が期待できる一方、小規模農家が廃業《はいぎょう》させられたり、大規模農場で低賃金《ていちんぎん》労働が広がったりすることが心配されています。アフリカ・アジア・南米などの農地を買収・借用して作物を生産し、収穫物《しゅうかくぶつ》を自国に持ち帰ろうとする動きは、新植民地主義《しゅぎ》だと非難《ひなん》されています。自国の食料を確保《かくほ》するために開発途上国の農地を奪《うば》う政策《せいさく》は、批判的《ひはんてき》に「ランドラッシュ（土地の奪い合い）」と呼《よ》ばれています。

●食料分配の不平等

　穀物《こくもつ》生産量上位の先進国や新興国《しんこうこく》が、国内の需《じゅ》要《よう》を優先《ゆうせん》して輸出量《ゆしゅつりょう》の減少《げんしょう》や輸入量の増加《ぞうか》をはかると、世界の穀物価格《かかく》が上昇《じょうしょう》します。先進国や新興国は、穀物を食料以外の用途《ようと》でも利用しているので、需要は国民の食料分よりずっと多くなります。このため、世界のすべての人たちが十分食べられるだけの穀物が生産されていたとしても、経《けい》済力《ざいりょく》が弱い開発途上国《かいはつとじょうこく》は必要なだけの穀物を輸入することが難《むずか》しくなります。

　紛争《ふんそう》や気候変動の影響《えいきょう》で国内が不作になり食料が不足したときには、最悪の食料危機《きき》になります。世界の穀物は食料の必要量におうじて分配されるのではなく、経済力によって分配されているといえます。飢餓《きが》や食料不安を生みだしている根本的な問題は、先進国・新興国と開発途上国とのあいだに広がる経済格差《けいざいかくさ》にあるのです。

　また、どのような国でも国民のあいだに所得《しょとく》格差はありますから、食料価格の大きな値上《ねあ》がりは、先進国にあっても貧《まず》しい人が満足に食料を手にできないといった状態《じょうたい》をつくりだします。穀物価格の上昇は、開発途上国だけでなく先進国・新興国のなかにも、食料不安・栄養不足といった食料危機をつくりだすのです。

世界の小麦の国内供給量《きょうきゅうりょう》上位 10 か国の割合《わりあい》

（各国の国内供給量《きょうきゅうりょう》が世界の総生産量に占《し》める割合）

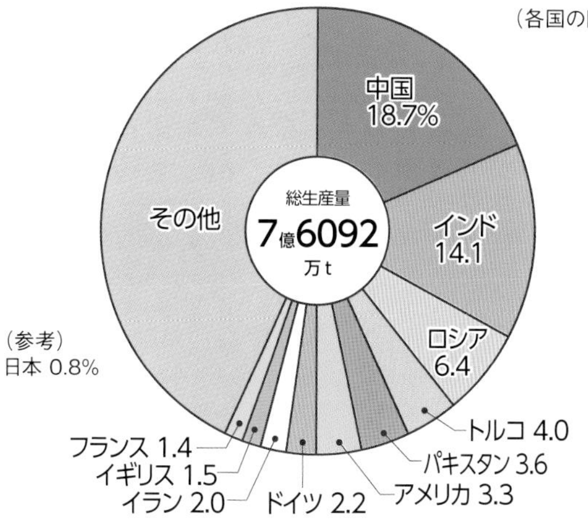

（世界国勢図会2022/23）

世界の米の国内供給量《きょうきゅうりょう》上位 10 か国の割合《わりあい》

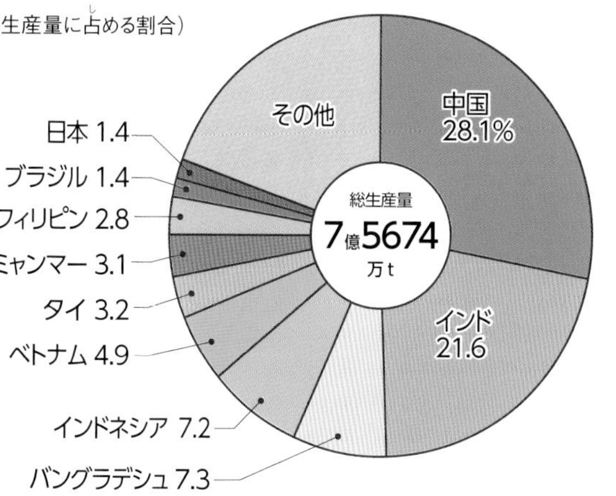

（世界国勢図会2022/23）

食用にされない穀物《こくもつ》

　世界で生産される穀物《こくもつ》の半分以上が、食料にならないといったらびっくりしますか。国連食糧農業機関《こくれんしょくりょうのうぎょうきかん》（FAO）が2021年に発表した報告《ほうこく》によると、2019年に生産された約27億トンの穀物の用途別《ようとべつ》の消費《しょうひ》は、約37％が家畜《かちく》の飼料《しりょう》（えさ）になり、約20％がバイオエタノールや加工デンプンなどに使われ、食料用は半分以下の約42％でした。

　2019年、世界の穀物消費量《しょうひりょう》世界一の中国では、国内で消費される小麦の約６分の1、トウモロコシの7割《わり》以上が飼料に使われていました。第2位のアメリカでもトウモロコシの半分近くは家畜の飼料用でした。量は少ないですが、オーストラリアでは小麦の59％が飼料用に使われています。

　小麦、米、トウモロコシなどの穀物は、人間の食を支《ささ》える主要作物として世界各地で作付面積を増《ふ》やしてきました。しかし現在《げんざい》は、小麦は食用の小麦粉《こむぎこ》にするものとそれ以外の利用とで供給量《きょうきゅうりょう》を争う状態《じょうたい》になっていますし、トウモロコシのほとんどは最初から家畜の飼料として生産されているのです。

世界の穀物《こくもつ》の消費用途《しょうひようと》の内訳《うちわけ》

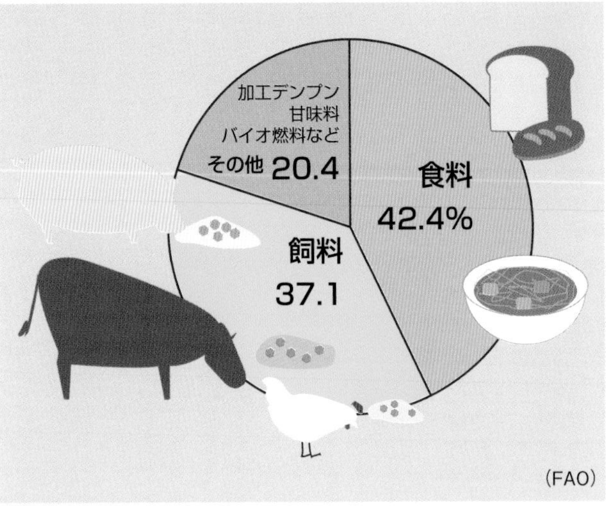

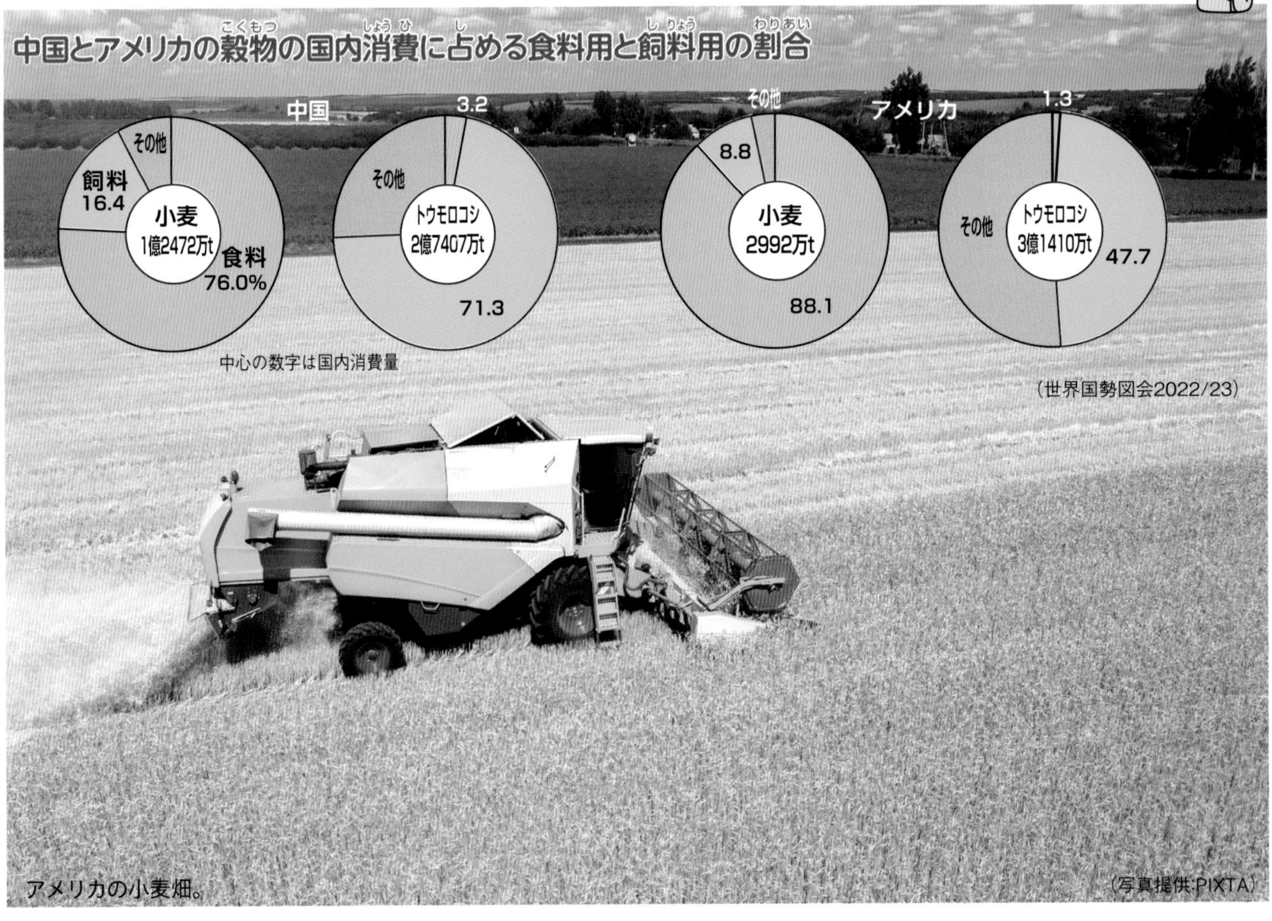

アメリカの小麦畑。

（写真提供:PIXTA）

●家畜用飼料《かちくようしりょう》となるトウモロコシ・大豆

近年、新興国《しんこうこく》などで国民の生活が豊《ゆた》かになってきたことから、肉の消費量《しょうひりょう》が増《ふ》えてきました。そのために、牛、豚《ぶた》、にわとりなど食肉用家畜《かちく》の飼《し》育《いく》数が増加《ぞうか》、トウモロコシ・大豆のかなりの部分が家畜の飼料《しりょう》用に回されるようになりました。1960年からの50年間に世界の肉の消費量は、4倍以上に増えたといいます。

いま人口が14億人を超《こ》えている中国では、1984年から2007年のあいだに1人あたりの肉の消費量が約3倍（17.7kg→53.3kg）になりました。

肉1キログラムを生産するのに必要とされる飼料穀物《こくもつ》は、トウモロコシに換算《かんさん》して、牛肉で約11キログラム、豚肉《ぶたにく》は約6キログラム、とり肉は約4キログラムとされています。

豊かになった国では主食以外に大量の肉が消費《しょうひ》されていますが、そのために開発途上国《かいはつとじょうこく》では主食である穀物が大量に家畜用に使われているのです。

●トウモロコシがバイオエタノールの原料に

バイオエタノールとは、トウモロコシやサトウキビなどの植物を原料につくられる工業用アルコールのことです。1970年代から生産が始まり、

世界のバイオエタノール生産量の変化

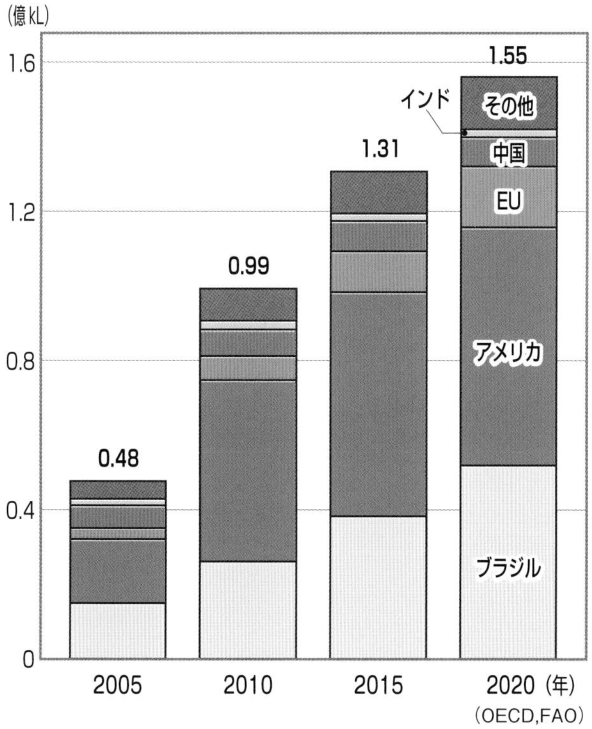

(OECD,FAO)

世界の食肉消費量(1人1年あたり)の変化

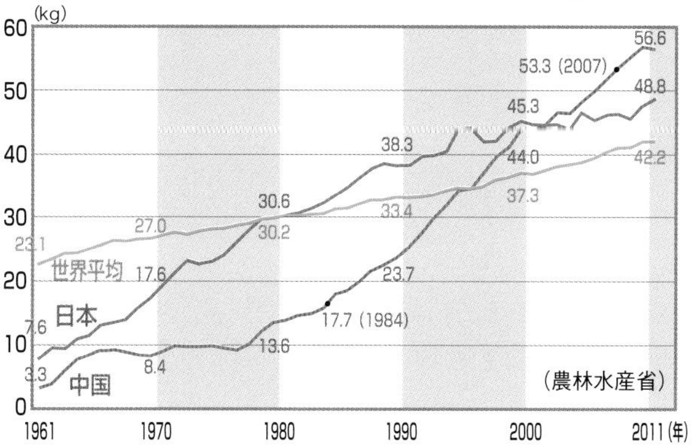

肉１キロを生産するために必要な飼料穀物

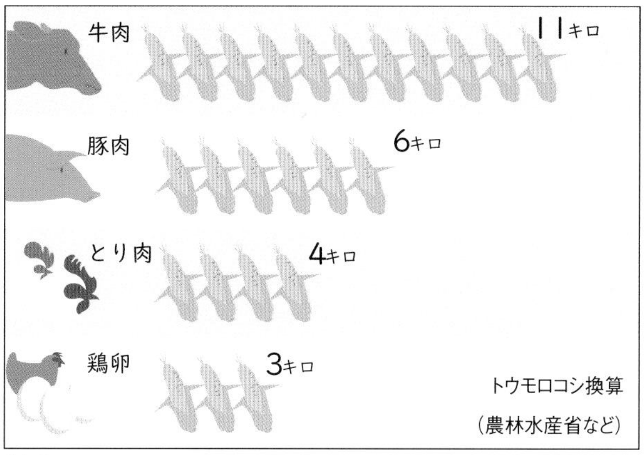

現在《げんざい》は世界生産量のおよそ3分の2をアメリカとブラジルで生産しています。アメリカはトウモロコシ、ブラジルはサトウキビがおもな原料です。アメリカは世界一のトウモロコシ生産国ですが、その40％以上はバイオエタノールを生産するために使われます。

バイオエタノールは、自動車の燃料《ねんりょう》としてガソリンに混《ま》ぜて使われることが多く、「バイオ燃料」とも呼《よ》ばれます。大量のトウモロコシやサトウキビを使って急激に生産量を伸ばしているのは、バイオエタノールが、気候変動を進めない燃料、地球温暖化対策《おんだんかたいさく》の燃料とされているからです。

ガソリンの原料の化石燃料は、太古《たいこ》の二酸化炭《にさんかたん》素《そ》（CO_2）を吸収《きゅうしゅう》して地下深く固定したものです。燃《も》やすと大気中にCO_2を増《ふ》やします。バイオエタノールもエンジンで燃焼《ねんしょう》させると同じようにCO_2を排出《はいしゅつ》します。それでも、バイオエタノールの原料の植物は、現在《げんざい》の大気中にあるCO_2を光合成《こうごうせい》で吸収していますから、燃やしても地球を温暖化させるCO_2の増加にはならないとされているのです。「カーボンニュートラル（炭素の増減《ぞうげん》に関係しない）」な燃料といわれています。

世界の食料の3分の1が廃棄《はいき》されている

SDGs（持続可能《かのう》な開発目標）のゴール 12「つくる責任《せきにん》つかう責任」では、2030年までに、小売・消費《しょうひ》レベルでの１人あたりの食料廃棄《はいき》を半減《はんげん》させ、生産・流通過程《かてい》での食品ロスを減少《げんしょう》させることを目標にしています。

国連環境《かんきょう》計画（UNEP）は、2021年3月の報《ほう》告《こく》で、2019年に小売店・レストラン・家庭などの消費段階《だんかい》で廃棄された世界の食料は9億3100万トン、利用できた食料の約17％にあたると発表しました。それは、超大型《ちょうおおがた》の40トントラックで約2300万台分になる量だそうです。これに生産・加工・輸送《ゆそう》の段階で廃棄された食料を加えると、毎年世界で生産される40億トンの食料の3分の1は利用されずに捨《す》てられたことになるといいます。

食料の廃棄は穀物《こくもつ》だけの問題ではありませんが、いま先進国・新興国《しんこうこく》は、食料にする分、飼料《しりょう》や燃《ねん》料《りょう》に利用する分に加えて、廃棄される分までふくめて穀物を確保《かくほ》しています。そのため経済力《けいざいりょく》のない開発途上国《かいはつとじょうこく》は慢性的《まんせいてき》に食料不足の状態《じょうたい》に置かれ、紛争《ふんそう》や災害《さいがい》に見舞《みま》われた国や地域《ちいき》はたちまち食料危機《きき》におちいるのです。

●食品ロスは生産地や輸送途中《ゆそうとちゅう》でも起きている

食品ロスというと、大量生産・大量消費《しょうひ》の先進国の外食産業や小売店、そして家庭といった消費段階《だんかい》で起きているとのイメージが強いようです。実際《じっさい》に2020年の日本で、食べられるのに捨《す》てられた消費段階での食品ロスは522万トンと推計《すいけい》されました。しかし、食料の多くは、消費段階だけでなく、それ以前の生産段階や加工段階、輸送《ゆそう》の段階でより多く廃棄《はいき》されています。

日本は食料の多くを輸入《ゆにゅう》しており、それもアジアだけでなくアメリカ、ヨーロッパ、ブラジルなど遠い国々《くにぐに》から輸入しています。距離《きょり》が遠い分だけ輸送段階での廃棄量も多くなります。

一方、開発途上国《かいはつとじょうこく》では、消費段階で廃棄される量は少ないのですが、収穫《しゅうかく》した農産物を冷凍《れいとう》・冷《れい》蔵《ぞう》保存《ほぞん》する貯蔵施設《ちょぞうしせつ》や消費地への輸送ルートが未《み》整備《せいび》のために、生産・保管《ほかん》・輸送段階で廃棄される割合《わりあい》が高くなっています。

地域別《ちいきべつ》に見た食料ロス（収穫《しゅうかく》・流通段階《だんかい》の損失《そんしつ》）の発生率《はっせいりつ》

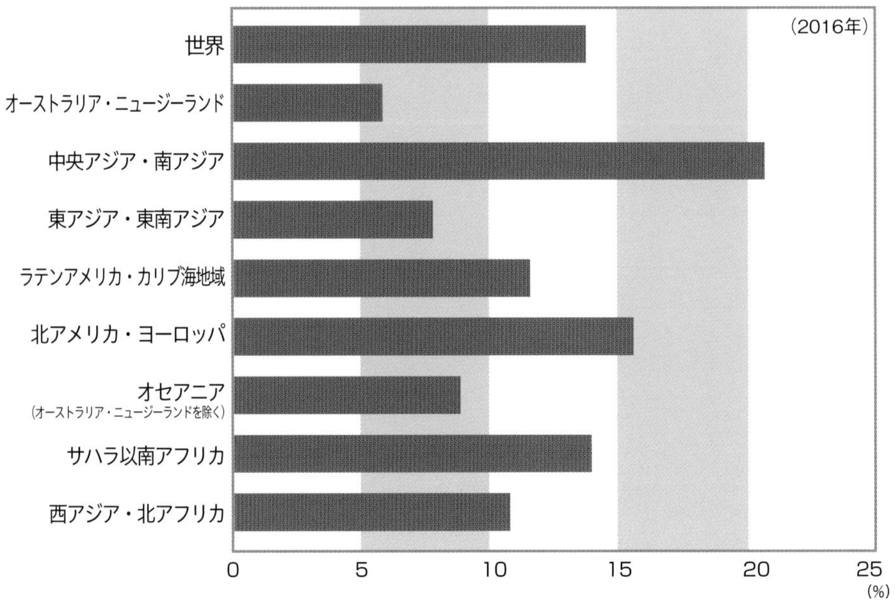

(FAO世界食糧農業白書2019)

食料ロスと食料廃棄《はいき》

国連食糧農業機関《こくれんしょくりょうのうぎょうきかん》（FAO）は、収穫《しゅうかく》・貯蔵《ちょぞう》・加工・輸送《ゆそう》などの生産・流通段階《だんかい》での食料の損失《そんしつ》を「食料ロス」、小売や家庭・レストランなどの消費《しょうひ》段階での損失を「食料廃《はい》棄《き》」と使い分けています。

日本では異《こと》なる使い方をしており、まだ食べられるのに捨てられている食料を総《そう》称《しょう》して「食品ロス」と呼《よ》んでいます。

●日本の食品ロスの現状《げんじょう》

2019年に食品ロス削減推進法《さくげんすいしんほう》が成立したこともあって、食品ロスの問題は日本でも広く知られるようになりました。日本の消費段階《しょうひだんかい》での食品ロスは600万トンを下回り、少しずつ減少《げんしょう》しています。とくに家庭からの廃棄《はいき》や外食産業での廃棄が減《へ》っているようです。食品ロスキャンペーンが、食料危機《きき》・食料不足といったことへの認識《にんしき》より、「もったいない」「食べ物を粗末《そまつ》にしてはいけない」という日本の伝統的《でんとうてき》なモラルに結びついた結果かもしれません。

政府《せいふ》の食品ロス削減目標は、「2030年までに、家庭からの廃棄、事業所からの廃棄とも、2000年の半分にする」というものです。うまくいけば目標は達成できそうですが、農林水産省が2020年に公開した「食品ロスの現状《げんじょう》を知る」によれば、1人あたりの食品廃棄物発生量は133.6キログラムもあり、アメリカやフランス、イギリス、オランダと並ぶ世界有数の食料廃棄大国であることにかわりはありません。個々人《ここじん》のモラルに頼《たよ》るのでは削減できる量にも限界《げんかい》がありそうです。

日本の食品ロス量の変化

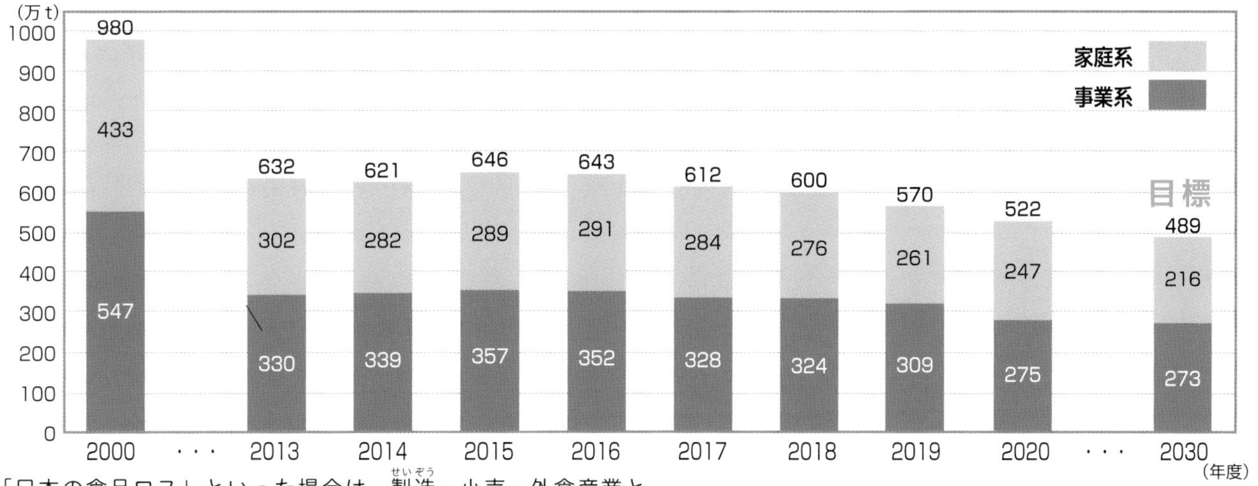

(消費者教育推進課資料)

「日本の食品ロス」といった場合は、製造《せいぞう》・小売・外食産業といった事業者が出す事業系《じぎょうけい》ロスと、各家庭が出す家庭系ロスを合わせた国内ロス量をいい、生産地でのロスはふくんでいません。

地域別《ちいきべつ》にみる年間1人あたりの食料廃棄《はいき》と食料ロス

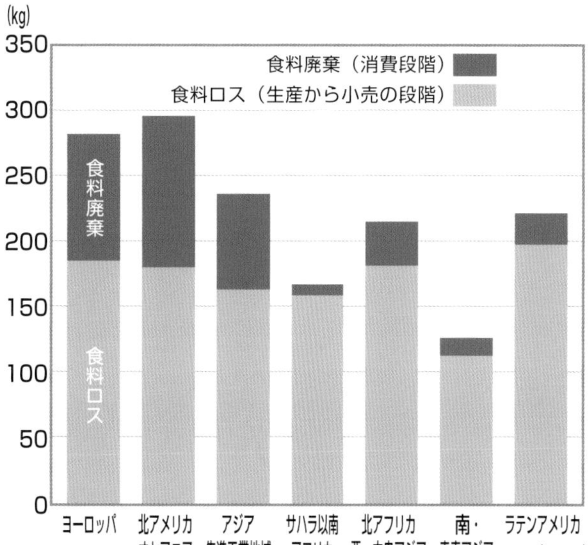

(FAO)

サハラ以南アフリカと南アジア・東南アジアは、開発途上国《かいはつとじょうこく》が多く低所得《しょとく》の人びとが多い地域《ちいき》です。先進国や新興国《しんこうこく》が多い地域に比《くら》べると、消費段階《しょうひだんかい》で廃棄《はいき》される食料はずっと少なくなっています。

食料ロス

食料廃棄《はいき》

「豊《ゆた》かな食生活」を楽しむ国ぐに

発展《はってん》をとげた先進国や経済《けいざい》成長している新興国《しんこうこく》のなかには、おいしさを追求し、バラエティーに富んだ食事を楽しむことが「豊《ゆた》かな食生活」だとする考えがあります。それを可能《かのう》にするように、町のスーパーや小売店には多種多様な食料品が並《なら》べられ、繁華街《はんかがい》には世界各地の料理を味わえるさまざまなレストランが立ち並んでいます。

しかし、先進国や新興国の人びとの「豊かな食生活」を可能にしている現在《げんざい》の食料の流れ、生産から消費《しょうひ》までの世界的な食料システムは、世界の人口の10人に1人を飢餓状態《きがじょうたい》に追いやっています。また現在の食料システムは、開発途上国《かいはつとじょうこく》に飢餓をつくりだすだけでなく、大量の食料流通が生みだす食品ロス、肥満《ひまん》や栄養不足といった健康への悪影響をももたらしています。

これらは、先進国・開発途上国に関係なく人類全体にとって見過《みす》ごせない構造的《こうぞうてき》な問題です。現在の世界の食料システムは、とても「持続可能」といえるものではありません。

主要国の年間1人あたりの肉の消費量《しょうひりょう》の変化

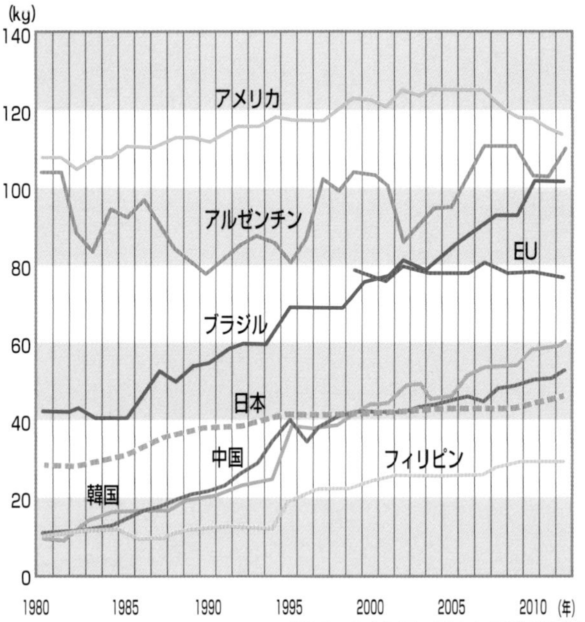

(世界の食肉需要の動向と飼料用穀物)

●肉の消費量《しょうひりょう》が多い先進国・新興国《しんこうこく》

「飽食《ほうしょく》」とは、飽《あ》きるほど食べるといった意味の言葉。食べ物があふれ、必要以上に消費《しょうひ》され、食べ残しが多く、大量に捨《す》てられている。そんな先進国の飽食が問題になってから、ずいぶんと時間が経《た》っています。しかし飽食は改まることなく、新しく経済成長《けいざいせいちょう》をとげた国ぐにへと、さらに広がっています。

世界の国ぐにの1人1日あたりの食料消費量

(単位はg/2019年)

国名	穀物	いも類	野菜	肉類	牛乳・乳製品	水産物
インド	511	84	244	14	202	19
スリランカ	614	53	136	28	41	82
日本	384	69	265	146	130	129
パキスタン	397	45	70	50	311	5
バングラデシュ	790	149	107	13	48	70
エチオピア	500	172	39	22	77	1
ガーナ	257	1258	81	40	5	66
中央アフリカ	92	736	52	116	41	21

国名	穀物	いも類	野菜	肉類	牛乳・乳製品	水産物
ナイジェリア	364	752	200	22	3	24
イギリス	361	211	217	221	575	51
ドイツ	320	177	242	215	462	35
アメリカ	301	145	294	353	633	61
カナダ	317	229	279	259	441	60
メキシコ	446	46	182	207	251	39
ブラジル	335	138	139	284	381	25
オーストラリア	262	136	235	341	606	72

(世界国勢図会2022/23)

肉汁《にくじゅう》がしたたる厚《あつ》いビーフステーキ、パティを何枚《まい》も重ねた大きなハンバーガー。アメリカの1人あたりの肉の消費量《しょうひりょう》の多さは、先進国の飽食の典型《てんけい》とされてきました。世界の肉の消費量は年々《ねんねん》増加《ぞうか》しています。増加傾向《けいこう》は、先進国よりもブラジル・中国・韓国《かんこく》・フィリピンといった新興国《しんこうこく》で目立っています。経済《けいざい》が発展《はってん》し、個人所得《こじんしょとく》が上昇《じょうしょう》したことが肉食を増《ふ》やしているといいます。

中国の肉の消費量は1980年から2005年までの25年間で約4倍に増え、その後も増加しています。またサブサハラ（サハラ砂漠《さばく》以南のアフリカ）の食料不足の国ぐにを除《のぞ》くと、開発途上国《かいはつとじょうこく》でも肉の消費は増加傾向にあります。世界の穀物《こくもつ》の半分近くが家畜《かちく》の飼料《しりょう》として消費されていることから、いま、家畜の生産を見直し肉の消費を減《へ》らそうとする動きが世界に広がっています。

●日本の飽食《ほうしょく》

日本で飽食《ほうしょく》といって思《おも》い浮《う》かぶもののひとつに、焼き肉食べ放題、ケーキ食べ放題、ビール飲み放題といった外食産業の集客目当てのサービスがあります。食べ放題サービスは、お得感《とくかん》から、とても人気があります。

また、食品の種類が日本ほど豊富《ほうふ》な国はないともいわれます。パンひとつとっても、食パン、おかずパン、菓子《かし》パンなどがあり、数えきれないほどの種類が提供《ていきょう》されています。価格《かかく》を安く抑《おさ》えるために、それぞれの商品が大量に生産され大量に店頭に並《なら》べられています。多品種である分だけ廃《はい》棄《き》される総量《そうりょう》は多くなります。パン、ケーキ、お菓子、ラーメン。どれも穀物《こくもつ》や油脂《ゆし》など貴重《きちょう》な食料を使ってつくられた食品です。

このように、食欲《しょくよく》を満たすために必要以上の食料が消費《しょうひ》され廃棄されています。日本社会の飽食は、世界の食料分配の不平等と無関係に成り立っているわけではありません。わたしたちは、自分たちの食生活、食料に関する社会の在《あ》り方《かた》を考え直す必要がありそうです。

食料のかたよりが生む飢餓《きが》と肥満《ひまん》

　国連食糧農業機関《こくれんしょくりょうのうぎょうきかん》（FAO）は、世界人口の約5分の1(18%)を占《し》める先進国が世界の穀物《こくもつ》の約5分の2(39%)を消費《しょうひ》し、その一方で人口の約5分の4(82%)を占める開発途上国《かいはつとじょうこく》は約5分の3(61%)の穀物しか消費できていないと報告《ほうこく》しています。世界の食料は、長いあいだ不平等に分配されてきました。

　食料のかたよった分配は、開発途上国に飢餓《きが》や栄養不良をつくりだし、子どもの死亡率《しぼうりつ》を高めたり子どもを発育不良にしたりしてきましたが、先進国にも問題がなかったわけではありません。豊富《ほうふ》な食料が肥満《ひまん》という健康上のリスクを広げていたのです。肥満はさまざまな成人病の原因《げんいん》となって人びとの健康をむしばみます。同時に医療費《いりょうひ》をふくらませ財政《ざいせい》を圧迫《あっぱく》します。先進各国は肥満を問題視《もんだいし》するようになりました。

　しかし、最近になって肥満が思わぬところへ広がっていることが分かりました。国連世界食糧計画《せかいしょくりょうけいかく》（WFP）の2019年の報告では、貧困国《ひんこん》の5歳《さい》未満児のうちの、3分の1から4分の1にあたる約1億9100万人が、年齢《ねんれい》にふさわしい成長ができない発育不良だったのですが、その一方で約3800万人が太り過ぎになっていたのです。いまや肥満は先進国だけの問題ではなくなってきています。なぜ食料の少ない貧困国で、太り過ぎの子どもたちが出てくるのでしょうか。

穀物《こくもつ》分配の不平等

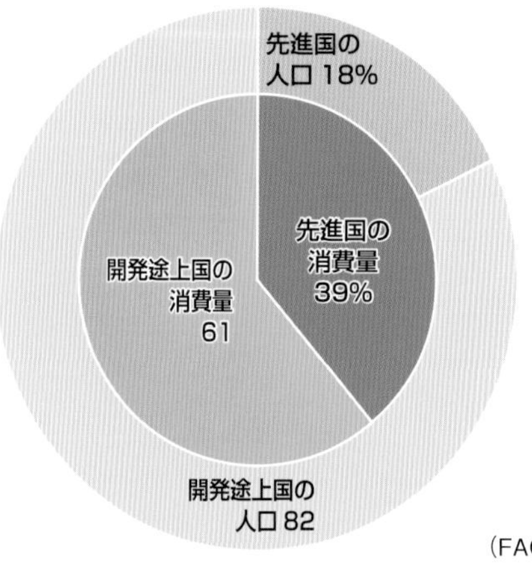

（FAO）

5歳《さい》未満児の発育不良の割合《わりあい》が高い国

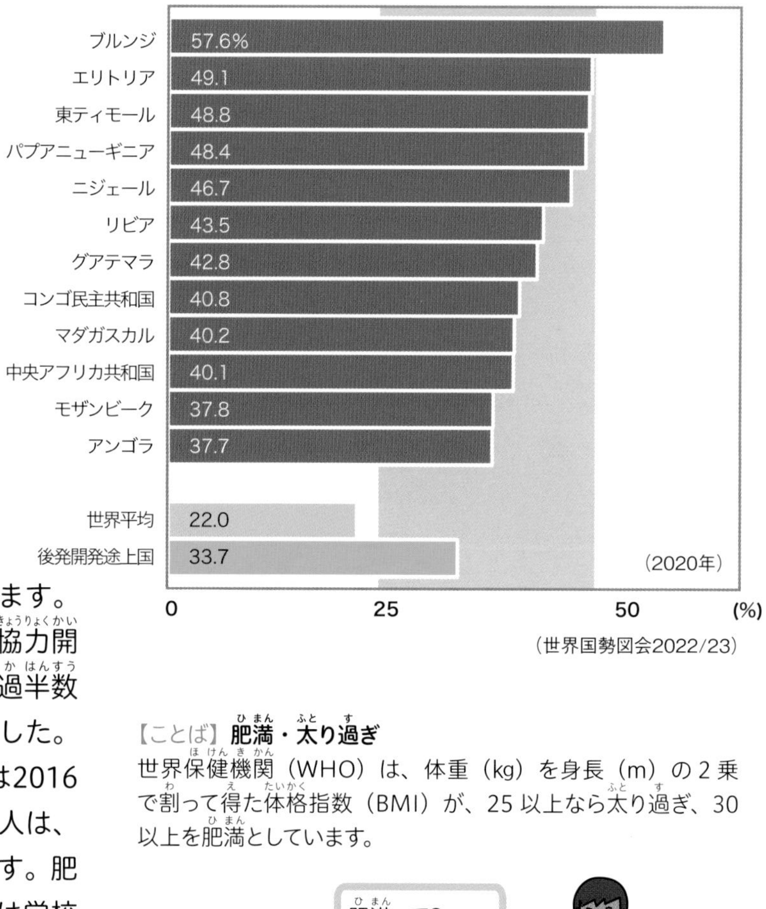

（世界国勢図会2022/23）

●増加《ぞうか》を続ける先進国の肥満《ひまん》

　肥満《ひまん》は、カロリーの取《と》り過《す》ぎから起こります。2019年、先進国の36か国が加盟《かめい》する経済協力開発機構《けいざいきょうりょくかいはつきこう》（OECD）は、加盟34か国の人口の過半数《かはんすう》が太り過ぎで、4人に1人が肥満と発表しました。2010年に21%だった肥満率《ひまんりつ》のOECD平均《へいきん》は2016年には24%に上昇《じょうしょう》していました。肥満の成人は、病気のリスクが高く平均余命《よめい》も短くなります。肥満は子どもにも広がり、太り過ぎの子どもは学校を休みがちとなり、高校・大学を卒業する可能性《かのうせい》も低くなると警告《けいこく》しています。

【ことば】**肥満《ひまん》・太《ふと》り過《す》ぎ**

世界保健機関《ほけんきかん》（WHO）は、体重（kg）を身長（m）の2乗で割《わ》って得《え》た体格《たいかく》指数（BMI）が、25以上なら太《ふと》り過《す》ぎ、30以上を肥満《ひまん》としています。

先進各国の太《ふと》り過《す》ぎと肥満《ひまん》の人口の割合《わりあい》

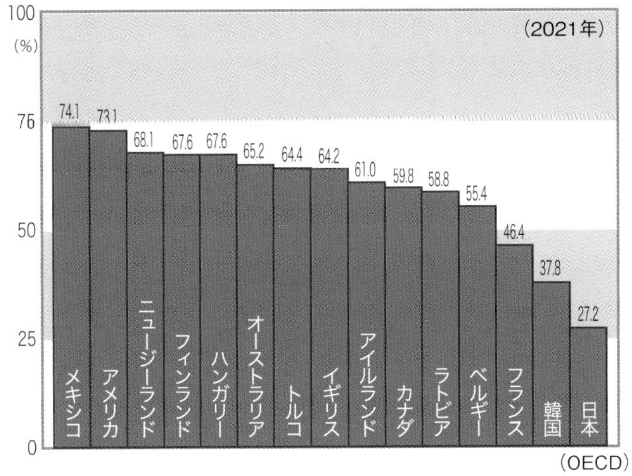

先進国が加盟する経済協力開発機構《けいざいきょうりょくかいはつきこう》（OECD）のデータです。世界保健機関《せかいほけんきかん》（WHO）が発表する世界の肥満《ひまん》ランキングでは、肥満を好む文化風土である、ナウル、クック諸島《しょとう》など南太平洋の島国10か国が上位を占《し》めています。

肥満《ひまん》が経済《けいざい》を引き下げる!?

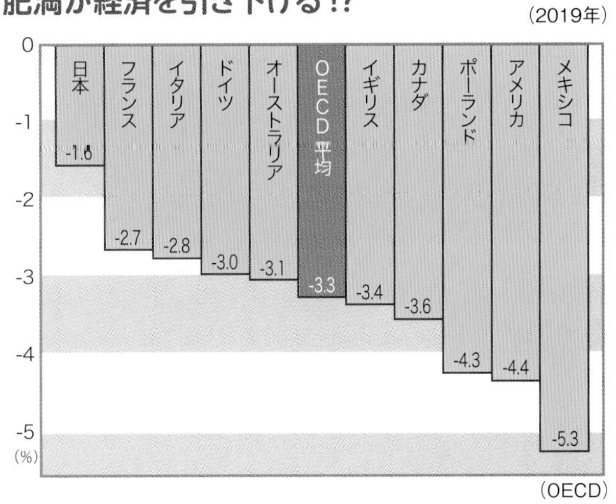

経済協力開発機構《けいざいきょうりょくかいはつきこう》（OECD）は、国民の肥満《ひまん》が医療体制《いりょうたいせい》の負《ふ》担《たん》となって、加盟《かめい》各国が今後30年間に下落させる国内総生産《そうせいさん》(GDP)の割合《わりあい》を予測《よそく》しました。

●開発途上国《かいはつとじょうこく》に現《あらわ》れる肥満《ひまん》

国連世界食糧計画《せかいしょくりょうけいかく》（WFP）は、貧困国《ひんこんこく》の大人の約8人に1人、6億7200万人を超《こ》える人たちが肥満《ひまん》になっている、貧困国の肥満は年々増加《ねんねんぞうか》していると報告《ほうこく》しました。いま多くの開発途上国《かいはつとじょうこく》は、これまで知られてきた飢餓《きが》の問題だけでなく、肥満という健康問題も抱《かか》えるようになっているのです。

正反対のように見える飢餓と肥満は、どちらも貧困国の貧《まず》しい食料事情《じじょう》から起きています。食料が不足していないときでも、栄養のある新鮮《しんせん》な食料は一般的《いっぱんてき》に高価《こうか》で、低所得《ていしょとく》の人たちは、なかなか手に入れることができません。低所得の人たちは、体を動かすエネルギーと食事の満足感を得《え》るために、カロリーが高く価格《かかく》の安い食品を選ぶようになります。脂肪分《しぼうぶん》や砂糖《さとう》・塩分が多い安価《あんか》な食品を食べ続けていると、よぶんな脂肪《しぼう》が体にたまっていきます。カロリーはあっても栄養はとぼしいので、子どもも大人も栄養不良でありながら太《ふと》り過《す》ぎという状態《じょうたい》になっていくのです。

栄養不良と肥満を同時に抱えているのは、バランスのよい食事をとることができない人たちです。先進国でも開発途上国でも、所得が低い貧困層《ひんこんそう》のなかに、栄養不良の肥満が現《あらわ》れがちなのです。

バランスのよい食事（日本の食事の例）

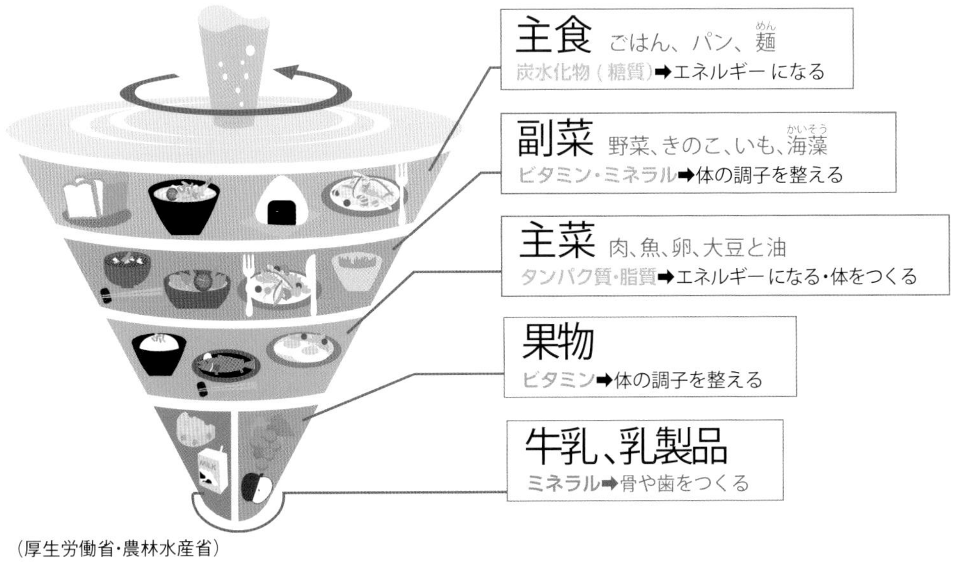

（厚生労働省・農林水産省）

日本の食事を例にとると、1日に、主食のごはんを茶わん中《ちゅう》盛《も》りで4杯程度《はいていど》、料理の内容《ないよう》によりますが副菜の野菜料理を3～5皿程度、主菜は肉・魚・卵《たまご》などから1～3皿程度、牛乳《ぎゅうにゅう》だったら1本程度、果物はミカンだったら2個《こ》くらい食べると、バランスがよいとされています。

目に見えない食料不足

現代《げんだい》の社会では、ほとんどの人がお金を出して食料を購入《こうにゅう》しています。ですから先進国であろうと開発途上国《かいはつとじょうこく》であろうと、所得《しょとく》が少ない貧困層《ひんこんそう》の人たちは、つねに食料確保《かくほ》に不安を覚える生活を送っています。

貧困には2通りの考え方があります。人間として最低限《さいていげん》の生活を送ることができない貧困を「絶対的《ぜったいてき》貧困」と呼《よ》び、国際《こくさい》社会では1日を1.9ドル(250円程度《ていど》)未満で送る生活を指しています。これに対し、年間の生活費《せいかつひ》がその国の国民一般《いっぱん》の半分に満たない人たちのことを「相対的貧困」と呼んでいます。開発途上国に多い絶対的貧困は外から見ても分かりますが、先進国の相対的貧困層は社会生活の上ではふつうに暮《く》らしていることが多いので見えづらいようです。

厚生労働省《こうせいろうどうしょう》によれば、2018年の日本における相対的貧困率《そうたいてきひんこんりつ》は15.4%、国民の6人に1人にあたります。2022年のロシアによるウクライナ侵攻《しんこう》以降《いこう》、日本の食料価格《かかく》が急激《きゅうげき》に上昇《じょうしょう》を始めました。いま日本の貧困層のあいだに、食料不足・栄養不良への危機感《ききかん》が広がっています

【ことば】**相対的貧困《そうたいてきひんこん》**
正確《せいかく》には、年間の等価可処分所得《とうかかしょぶんしょとく》(世帯の所得から税金《ぜいきん》・社《しゃ》会保険料《かいほけんりょう》などを差《さ》し引《ひ》き、世帯人数の平方根で割《わ》った1人分の所得)が国民全体の中央値《ちゅうおうち》の半分(貧困線《ひんこんせん》という)未満である人。厚生労働省《こうせいろうどうしょう》は、日本の2019年の貧困線を127万円としました。

主な先進国の相対的貧困率《そうたいてきひんこんりつ》

(2021年)

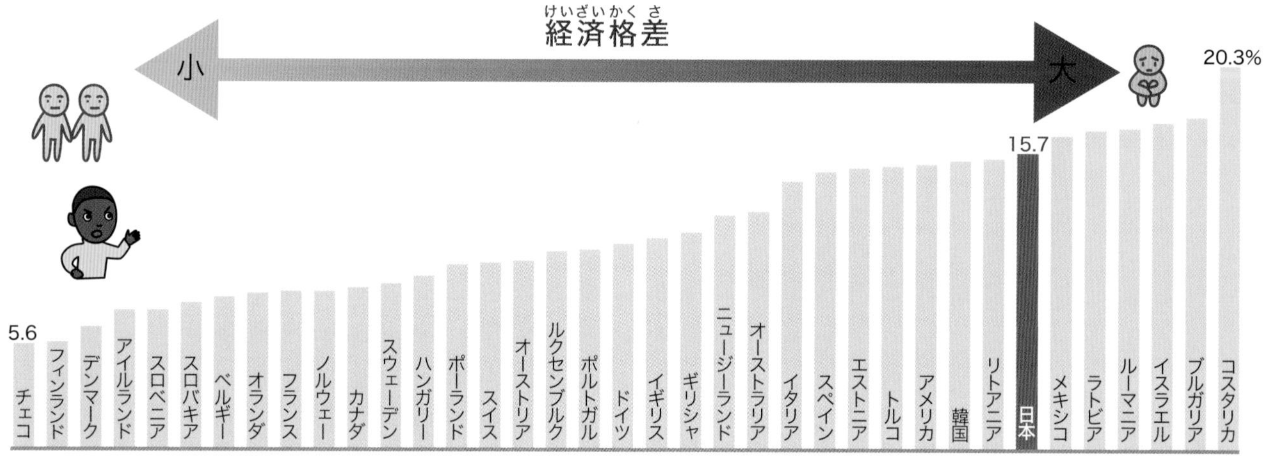

(OECD)

●貧困高齢者《ひんこんこうれいしゃ》を襲《おそ》う食料不足

数が多いわけではありませんが、食べ物にあふれた現代《げんだい》の日本にも餓死者《がししゃ》のニュースが流れることがあります。家のなかに食べ物がなく、胃《い》を空っぽにして餓死した高齢者《こうれいしゃ》が発見されるのです。残念ながら、日本にも餓死者が年間で2000人弱います。その多くは栄養失調(栄養不良と同じ)。食料がなくなって亡《な》くなる人は20人ほどのようです。厚生労働省《こうせいろうどうしょう》の「国民生活基礎調査《きそちょうさ》」は、貧《ひん》困層《こんそう》の多くは、高齢者世帯、ひとり親世帯、単身世帯に見られ、餓死はその一人住まいの高齢者や複数《ふくすう》の高齢者だけで暮《く》らす貧困世帯に見られるとしています。日本には「生活保護《ほご》」という貧困者救済制度《きゅうさいせいど》がありますが、さまざまな事情《じじょう》から生活保護を利用できない、または利用しない人が大勢《おおぜい》います。悲しいことに、貧困から栄養失調や食料不足で亡くなる人は後を絶《た》ちません。

●食費《しょくひ》にお金をかけられない若者《わかもの》

餓死《がし》にはいたりませんが、食料不足・栄養不良に苦しむ人は大勢《おおぜい》います。近年、経営《けいえい》をしやすくするために、正社員を増《ふ》やさず、給料や労働条件《じょうけん》の悪いパートやアルバイト、契約《けいやく》社員などの割合《わりあい》を増やす企業《きぎょう》が急増《きゅうぞう》しました。正社員になるチャンスは減《へ》り、低賃金《ていちんぎん》の非正規雇用《ひせいきこよう》で働かざるを得《え》ない若者《わかもの》が増えています。

正社員と同じように働いても給料は正社員の半分程度《ていど》。ちゃんと働いているのに年収《ねんしゅう》は貧困線《ひんこんせん》以下で、相対的貧困になってしまう。生活していくのがやっと、余暇《よか》を楽しむどころか将来《しょうらい》の結婚《けっこん》も考えられない若者たち。「ワーキングプア（働く貧困層《ひんこんそう》）」と呼《よ》ばれています。低所得《ていしょとく》の若者たちは、ラーメン、弁当《べんとう》、パン、揚《あ》げ物《もの》など、安価《あんか》な高カロリー食品中心の食生活になり、ビタミンやミネラルなどの栄養素《えいようそ》が不足がちになります。経《けい》済格差《ざいかくさ》によって増加《ぞうか》する若者貧困層のあいだに、栄養不良による肥満《ひまん》や慢性疾患《まんせいしっかん》が広がっています。

日本では6人に1人が貧困《ひんこん》といわれていますが、貧困は目に見えづらいようです。
（写真提供:PIXTA）

日本の相対的貧困率《そうたいてきひんこんりつ》と子どもの貧困率の変化

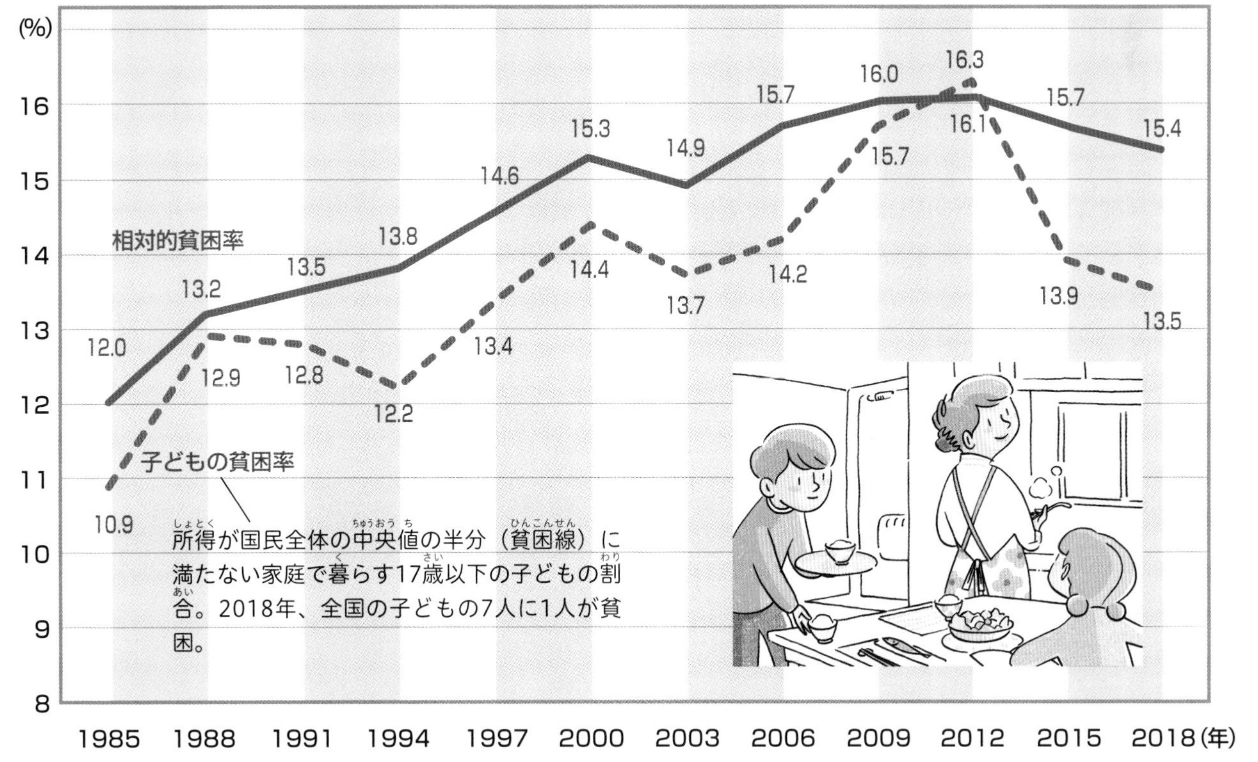

（厚生労働省）

子どもの栄養不足

最近「ひとり親家庭」という言葉をよく耳にします。1人または複数《ふくすう》の子どもを母親・父親のどちらかだけで育てている家庭のことです。そんなひとり親家庭に相対的貧困《ひんこん》が広がっています。とくに多いのは、母親（シングルマザー）1人だけの収入《しゅうにゅう》で子育てをしている家庭です。日本はジェンダー平等が遅《おく》れているために、女性《じょせい》が子育てのための時間を保障《ほしょう》されながら、正社員として働ける企業《きぎょう》は増《ふ》えていません。シングルマザーの多くは、パートやアルバイトといった低賃金《ていちんぎん》の職場《しょくば》で働いています。そのためシングルマザー家庭は、相対的貧困になりがちなのです。

ある大手銀行がインターネット上で公開している（2023年1月現在《げんざい》）試算によると、幼稚園《ようちえん》から大学卒業まで子ども1人にかかる教育費《きょういくひ》はすべて公立に通ったとしても800万円近い金額《きんがく》になり、子ども1人を育て上げるまでの養育費《よういくひ》は2700万円から4000万円とされています。母親たちは、少ない収入のなかから住居費《じゅうきょひ》・光熱費《こうねつひ》・交通費《こうつうひ》・被服費《ひふくひ》などの必要経費《けいひ》を払《はら》い、少しでも教育費を貯《たくわ》えておこうと、必死で出費《しゅっぴ》を抑《おさ》えて生活します。そのため食費《しょくひ》にかけるお金は切《き》り詰《つ》めざるを得《え》ません。相対的貧困とされるひとり親家庭の子どもたちの食事は、栄養バランスの悪いものになってしまう傾向《けいこう》があります。

貧困《ひんこん》家庭の子どもたちにとっては、学校給食が栄養バランスのよいだいじな食事になっています。

ひとり親世帯の貧困率《ひんこんりつ》の変化

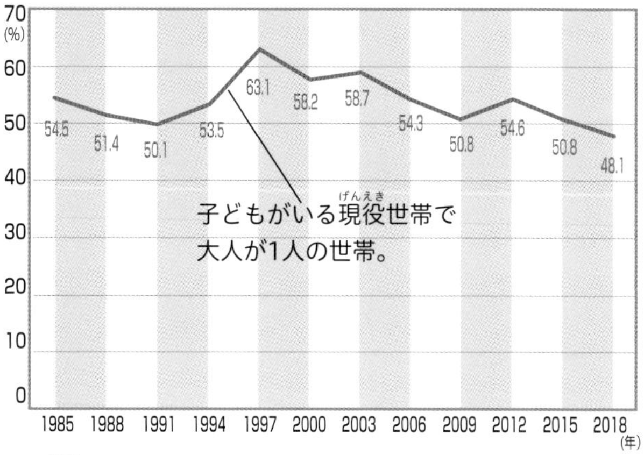

（内閣府男女共同参画局）

●ひとり親家庭の子どもの空腹《くうふく》

厚生労働省《こうせいろうどうしょう》の2020年の発表によると、2018年の17歳《さい》以下の子どもの13.5%、7人に1人が相対的貧困《ひんこん》でした。ひとり親家庭の子どもに限《かぎ》った調査《ちょうさ》では、およそ2人に1人が貧困に苦しんでいました。

生活を維持《いじ》するために母親が昼も夜も働いていて、きちんとした食事がとれていない、親がいないときに渡《わた》される食事代が少ない、栄養バランスのよい食事がとれるのは学校給食だけ、そんな子どもが予想以上に多くいるようです。夏休みになって学校給食がなくなると途端《とたん》に体重が減《へ》ってしまい、休み明けにやせた体で登校してくる子どもたちがいました。夏休み中の学校へ、食べものがないかとやってくる子どももいたといいます。

母親たちは、衣服を整え、中学に上がるころにはスマホを持たせるなど、子どもが学校でいじめられたり仲間外れにされたりしないように気を使います。そのため、日本の貧困は外から見ただけでは分かりません。しかし7人に1人という相対的貧困率を考えると、家庭で満足な食事が得《え》られず空腹《くうふく》に苦しんでいる子、バランスのよい食事ができずに成長に必要な栄養をとれていない子が、どこのクラスにも何人かいることになります。

シングルマザーの働き方と収入《しゅうにゅう》

（2016年）

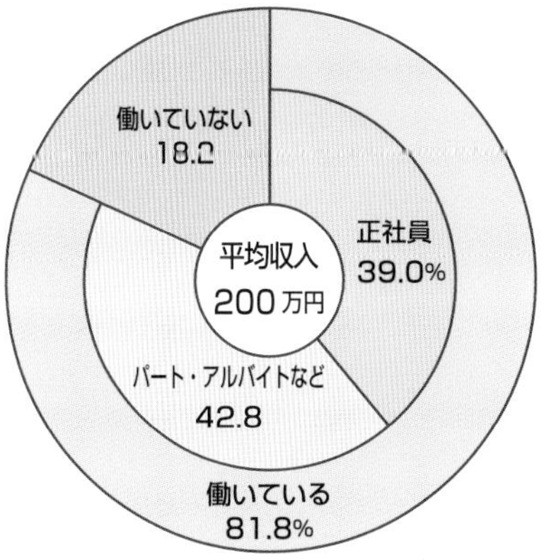

（内閣府男女共同参画局）

2021年に発表された内閣府《ないかくふ》の調査《ちょうさ》では、2016年のシングルマザーの子育て家庭は約123万2000世帯。子どもの父親などから養育費《よういくひ》を受け取っている母親は24.3%でした。81.8%の母親が働いています。正社員として働いている人の平均年収《へいきんねんしゅう》は305万円、パート・アルバイトなどの人の平均年収は貧困線《ひんこんせん》に近い133万円でした。

ひとり親世帯貧困率《ひんこんりつ》の国際比較《こくさいひかく》(OECD35か国)

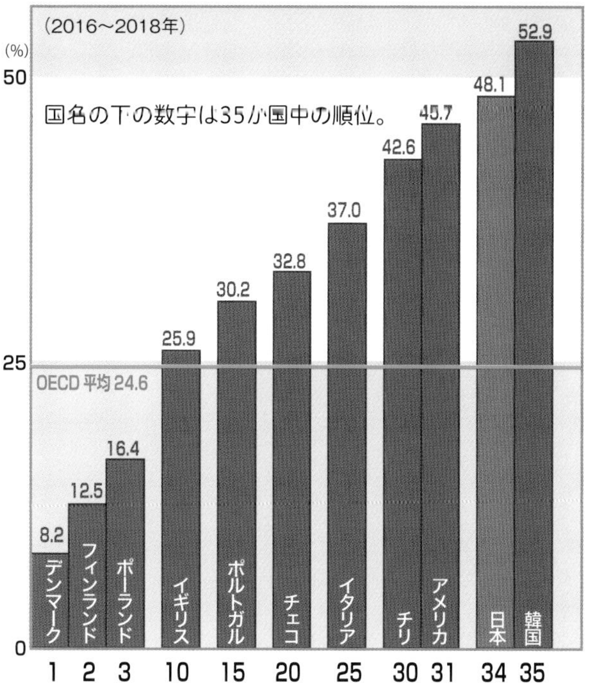

（内閣府男女共同参画局）

●広がる子ども食堂《しょくどう》

きちんとした食事をとれずにいる子どもたちに、無料または低額《ていがく》で栄養のある食事を提供《ていきょう》しようと活動している大人たちがいます。個人宅《こじんたく》や地域《ちいき》の施設《しせつ》などで月に1回から数回開かれる「子ども食《しょく》堂《どう》」です。生活が苦しい家庭の子ども、1人だけで食事をしている子ども。そんな子どもたちの支《し》援《えん》を目的としていますが、貧困《ひんこん》は目に見えないので、多くの子ども食堂は、制限《せいげん》を設《もう》けることなく広く地域の子どもたちを受け入れています。2012年に東京で始まった子ども食堂の活動は、2022年現在《げんざい》、全国7000か所以上に広がっています。

子ども食堂《しょくどう》の数

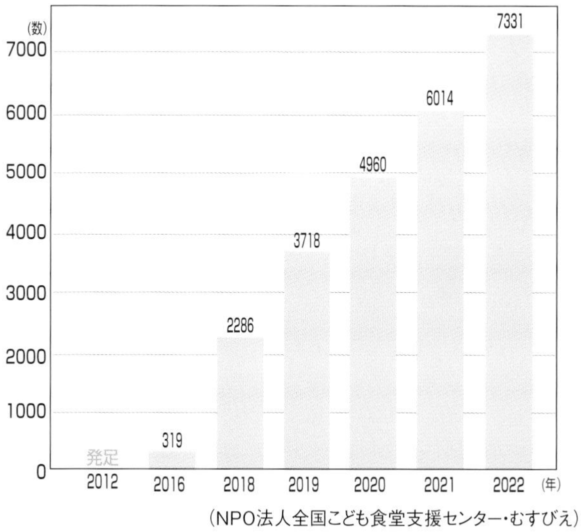

（NPO法人全国こども食堂支援センター・むすびえ）

ホームレス

貧困《ひんこん》家庭が見えにくい一方、見えていながら社会から見《み》捨《す》てられがちなのが、都会のホームレスの人たちです。ホームレスの人たちのほとんどは、住まいが定まっていないとか病気がある、障害《しょうがい》があるなどの理由から、定まった仕事に就《つ》くことができない人たちで、満足な収入《しゅうにゅう》がありません。国の支援《しえん》が届《とど》かないそんな人たちに向けて、ボランティア団体《だんたい》の人たちや個人ボランティアが炊《た》き出《だ》し（食事の提供《ていきょう》）や弁当《べんとう》の配布《はいふ》を定期的に行っています。しかし日《にち》常《じょう》的に十分な栄養を取ることができず、多くの人が食料不足・栄養不良状態《じょうたい》にあります。

ボランティア団体《だんたい》による食料配布《はいふ》の様子

日本人の主食

ここまで、世界の10人に1人を飢餓《きが》に追いこんでいる2022年現在《げんざい》の食料危機《きき》について知り、ふだんの生活からは見えづらい日本のなかの食料危機について見てきました。最後は、わたしたちが日ごろ食べている食料についてです。それを知ることは、世界の人びとの食料とわたしたちの食生活が無関係でないことを知ることになります。また近い将来《しょうらい》の問題として心配される世界的な食料危機を考える手がかりにもなります。

みなさんは、輸入《ゆにゅう》される食べ物といったら、どんなものが頭に思《おも》い浮《う》かびますか。バナナ、キウイフルーツ、オレンジ、レモンなどの果物ですか。コーヒーやチョコレート、チーズやワインを思い浮かべた人もいるかもしれません。どれも輸入と分かりやすい食料品ですが、もっと毎日の食事に欠かせない食料のなかに、輸入されているものがたくさんあります。なにがどのくらい輸入されているのでしょうか。わたしたちの主食である米は輸入されている？　パンやラーメンの原料となる小麦（小麦粉《こむぎこ》）はどうでしょう。

●主食の米は、ほぼ国内産

農林水産省の「食料需給表《じゅきゅうひょう》」から計算した2021年の日本人1人1年あたりの食料消費量《しょうひりょう》は約459.8キログラムです。そのうちの約84.6キログラムを占《し》める穀物《こくもつ》の約60％が米、約37％が小麦でした。NHKが2016年に実施《じっし》した調査《ちょうさ》でも、毎日1食以上ご飯を食べている人は90％以上に上っていました。

日本人が2021年の1年間に食べた米は約646万トン。米は国内年間生産量が800万トン以上ありますから、消費量のほぼすべてが国産と考えていいかもしれません。

米は日本人の主食であることから、生産においても貿易《ぼうえき》においても政府《せいふ》の政策《せいさく》でさまざまに保護《ほご》されています。しかし、今後も問題なく確保《かくほ》できるかというと、農業従事者《じゅうじしゃ》の減少《げんしょう》に歯止めがかからないなど不安材料がないわけではありません。また国連の「気候変動に関する政府間パネル（IPCC）」は、地球の気温上昇《じょうしょう》が農業に悪影響《あくえいきょう》をあたえると指摘《してき》しています。すでに日本国内からも温暖化《おんだんか》による米の品質《ひんしつ》低下が報告《ほうこく》されています。

右の表で日本が米を輸入《ゆにゅう》しているのは、国際的経済《こくさいてきけいざい》協定の合意義務《ぎむ》によるもので、アメリカとタイからの輸入がほとんどです。輸入米《ゆにゅうまい》をふくめ、純食料《じゅんしょくりょう》以外の米は、年間約300万トンの緊急《きんきゅう》時に備《そな》える在庫《ざいこ》米や飼料《しりょう》用のほか、加工用や対外援助《えんじょ》用などに使用されています。

わたしたちは何を食べているか（1970年と2020年の比較）

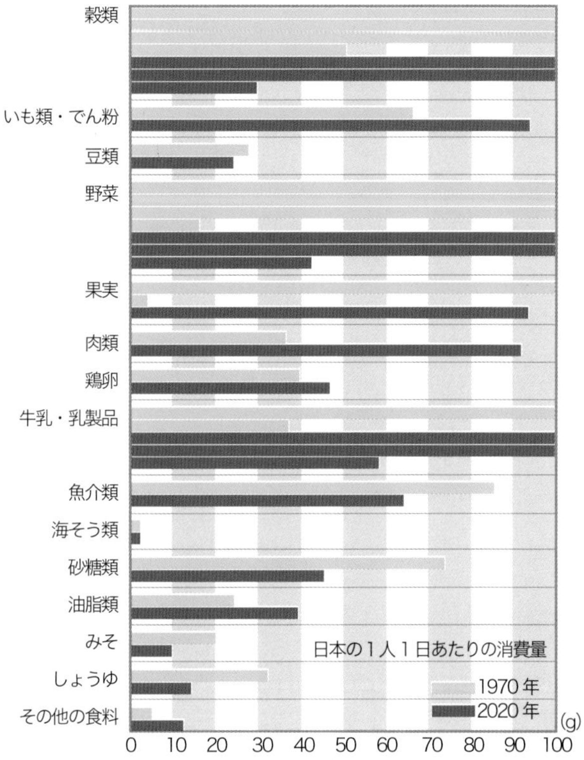

（日本国勢図会2022/23）

米の生産量や消費量《しょうひりょう》など

（2020年概算値）	生産量	814.5（万t）
	輸出量	11.0（万t）
	輸入量	81.4（万t）
	国内消費量	785.7（万t）
	純食料	640.4（万t）
	一人あたり消費量	50.7（kg）

（日本国勢図会2022/23）

●パンやうどんは輸入《ゆにゅう》小麦から

日本の小麦は、80％が食料用、13％が飼料《しりょう》用として消費《しょうひ》されます。食料用の小麦は、パン類、ラーメン・うどん・パスタなど麺類《めんるい》、ケーキ・ビスケットといった菓子類《かしるい》などの材料（小麦粉《こむぎこ》）のほか、しょう油やみそなどの原料として消費されています。飼料用に消費される分も、いずれ肉や牛乳《ぎゅうにゅう》となってわたしたちの口に入るので、すべて食料に利用されると考えていいでしょう。

2021年の日本の小麦の消費量《しょうひりょう》は642万トンでした。世界の小麦生産量は7億7587万トンで、日本の消費量はその1％にもなりませんが、世界の小麦動向の影響《えいきょう》は大きく受けることになります。日本は必要な小麦の80％以上を輸入《ゆにゅう》に依存《いぞん》しているからです。2022年には、ロシアのウクライナ侵攻《しんこう》が世界の小麦価格《かかく》を上昇《じょうしょう》させ、パンをはじめとする日本の食品価格を値上《ねあ》がりさせてしまいました。

小麦は世界の広い地域《ちいき》で米以上に主食とされている穀物《こくもつ》です。2007年から08年にかけて、異常《いじょう》気象《きしょう》でヨーロッパやオーストラリアの穀物生産量が激減《げきげん》、国際《こくさい》価格が急激《きゅうげき》に上昇《じょうしょう》する食料危機《きき》が起こりました。アジアやアフリカの貧困国《ひんこんこく》では輸入穀物が不足、食料を要求して暴動《ぼうどう》が起きたところもありました。1972年には異常気象から「世界同時不作」が起きたこともあります。これからも異常気象が止むことはありません。穀物価格が上昇をくり返すことや、食料危機におちいる貧困国があるということを考えると、日本が小麦の大部分を世界からの輸入に頼《たよ》っていていいのか、小麦の輸入依存はもう一度考えてみるべき課題《かだい》かもしれません。

日本の小麦の輸入先《ゆにゅうさき》（2021年）

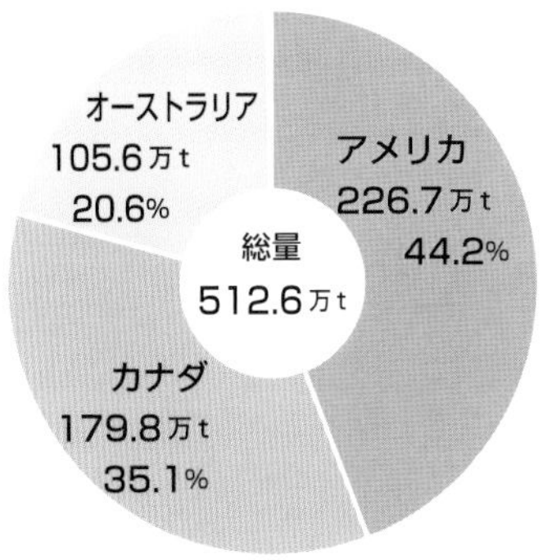

（日本国勢図会2022/23）

小麦を使った食品は多い

トウモロコシ

三大穀物《こくもつ》の1つのトウモロコシは、毎年世界で米や小麦以上の約11億トン生産され、1億8000万トンほどが輸出入《ゆしゅつにゅう》されています。日本は世界の主要なトウモロコシ輸入国《ゆにゅうこく》の1つで、2021年は1524万トンを輸入《ゆにゅう》しました。ただし、このトウモロコシはわたしたちが食べるものとは別の品種で、77.5％が家畜飼料《かちくしりょう》に、残りが加工用などに利用されました。わたしたちが食べるスイートコーンは16万トンほどで、多くは国内で生産されています。

アメリカの広大なトウモロコシ畑。　（写真提供:PIXTA）

肉や魚の半分は輸入《ゆにゅう》

世界各国の食料消費《しょうひ》の変化を見ていると、肉類は、経済《けいざい》が成長し個人《こじん》の所得《しょとく》が伸《の》びてくると、それに合わせて消費量《しょうひりょう》が増《ふ》えていく傾向《けいこう》にあります。下のグラフを見ると、2010年に日本をぬいてGDP（国内総生産《そうせいさん》）世界第2位に躍《おど》り出《で》た中国の1人あたりの年間食肉消費量は、2000年から2012年までの12年間で11キログラム増加《ぞうか》していました。そのころ人口が13億人台だった中国の肉の消費量は1400万トン以上増えたことになります。

食肉の生産（畜産《ちくさん》）には飼料《しりょう》として大量の穀物《こくもつ》が消費されます。肉はタンパク質《しつ》を取りいれる重要な食料ですが、開発途上国《かいはつとじょうこく》で主食の穀物が不足していることを考えると、歯止めのない食肉生産の拡大《かくだい》には問題がありそうです。

肉とともに動物性《どうぶつせい》タンパク質の食料である魚も、経済成長や人口の増加に合わせて世界の消費量が増加してきました。しかし、乱獲《らんかく》や海洋の水質《すいしつ》悪化などによって世界の水産資源《しげん》は数を減《へ》らし、近年の漁獲量《ぎょかくりょう》は頭打ちになっています。最近は、持《じ》続可能性《ぞくかのうせい》といった観点から、タンパク質をとる食料として、肉や魚（動物性タンパク質）の量を減らし、大豆や食用油（植物性タンパク質）の量を増やすべきだとする意見が広がっています。

主要国の年間１人あたりの肉の消費量《しょうひりょう》の変化

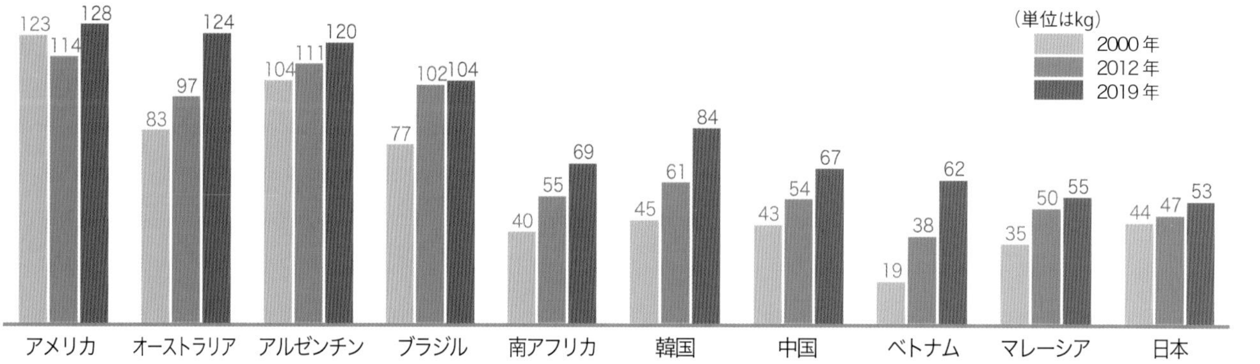

(アメリカ農務省、IMF、国連食糧農業機関(FAO)など)

●牛肉・豚肉《ぶたにく》・とり肉、そして家畜《かちく》のえさも

日本で肉の消費《しょうひ》が急激《きゅうげき》に増加《ぞうか》したのは高度経済《けいざい》成長期の1960年から1980年ごろです。その後も人口の増加や経済成長に支《ささ》えられて肉の需要《じゅよう》は増《ふ》え、2021年に国内で消費された肉は、牛肉が78万2000トン、豚肉《ぶたにく》が165万1000トン、とり肉が181万トンでした。1人1年あたりの肉の消費量は34キログラムとなっています。そして日本で消費する牛肉の約64%、豚肉の約50%、とり肉の約36%が海外からの輸入《ゆにゅう》です。

肉の消費に関して知っておきたいのは、国内で生産される家畜《かちく》の飼料《しりょう》も、約4分の3が輸入であることです。トウモロコシ・大麦・ソルガム・小麦といった穀物《こくもつ》が、アメリカ・ブラジルなどから年に1500万トン前後輸入されています。

日本の肉の消費量の変化（1年1人あたり）

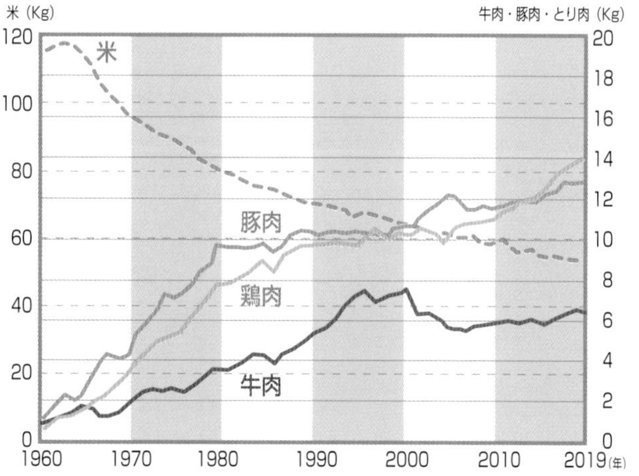

(農林水産省)

食肉が生産されるまでには大量の穀物が消費されること、家畜のゲップや糞《ふん》から排出《はいしゅつ》されるメタ

日本の牛肉・豚肉《ぶたにく》・とり肉の輸入《ゆにゅう》相手国

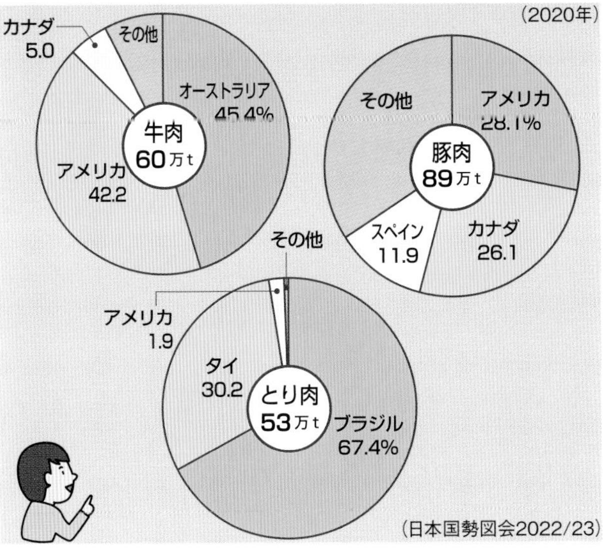

(日本国勢図会2022/23)

日本の水産物《すいさんぶつ》の輸入《ゆにゅう》相手国

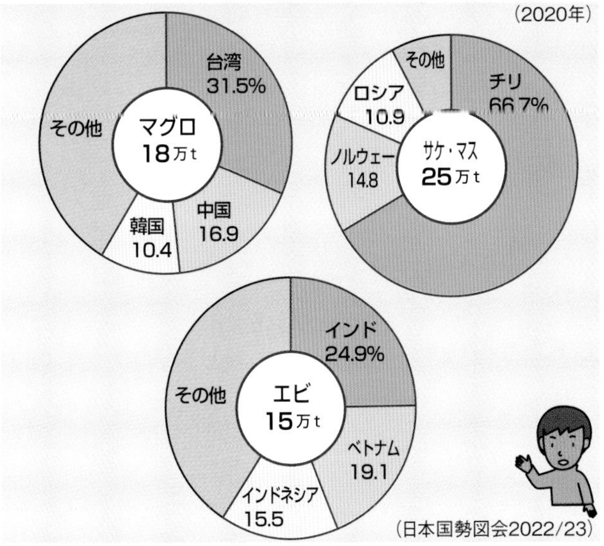

(日本国勢図会2022/23)

ンガスが地球温暖化《おんだんか》を促進《そくしん》すること、食肉輸入も飼料輸入も大量の二酸化炭素《にさんかたんそ》（CO_2）を排出して輸送《ゆそう》されていることなど、さまざまな課題をそのままにして、ステーキ、焼肉、唐揚《からあ》げといった日本の肉料理は消費されているのです。

●海に囲《かこ》まれていても漁獲量《ぎょかくりょう》は需要《じゅよう》の半分

周囲《しゅうい》を良好な漁場に囲《かこ》まれ、かつては漁業大国として国内消費《しょうひ》のほとんどを自国で漁獲《ぎょかく》していた日本ですが、漁業のできる水域《すいいき》が限《かぎ》られたことなどもあり、1990年頃《ごろ》からは漁獲量《ぎょかくりょう》が減少《げんしょう》、2000年には海外からの輸入《ゆにゅう》が国内生産量（漁獲＋養殖《ようしょく》）を上回るようになりました。

2021年は、新型《しんがた》コロナウイルス流行の影響《えいきょう》で、日本の生産量が377万トン、輸入量《ゆにゅうりょう》は365万トンでした。輸出《ゆしゅつ》される分や家畜飼料《かちくしりょう》に消費される分もあり、国内で食料用にされたのは516.5万トンとされています。1990年代に30キログラムを大きく上回っていた1人1年あたりの消費量は、23.2キログラムで、肉類の7割《わり》以下に減《へ》りました。それでも1人あたりの消費量は、アイスランド、韓国《かんこく》、中国、ノルウェーなどとともに世界の上位国です。

いま世界の漁獲量は9000万トン前後で頭打ちになっています。各国の乱獲《らんかく》によって、魚たちの回復力《かいふく》が失われ資源《しげん》として枯渇《こかつ》してきたからです。このままではスケトウダラなど漁獲量の多い魚が数を増《ふ》やす可能性《かのうせい》はないといわれています。

世界の水産物輸出入額《ゆしゅつにゅうがく》上位国と日本

(億ドル)

輸出		輸入	
中国	202.6	アメリカ	235.2
ノルウェー	120.2	中国	183.4
ベトナム	87.0	スペイン	81.4
インド	68.6	フランス	67.3
チリ	66.8	イタリア	66.2
日本	22.9	日本	154.9

(日本国勢図会2022/23)

マグロ

日本人に好まれているマグロも減少《げんしょう》が心配されている魚です。マグロの世界の年間漁獲量《ぎょかくりょう》は240万トン前後。2020年の日本のマグロ消費量《しょうひりょう》は、自国の漁獲量と多くの国から輸入《ゆにゅう》した分を合わせて約37万トンでした。マグロ・カツオ類の資源《しげん》管理を目的とした国際機関《こくさいきかん》が、世界の海域《かいいき》を5分割《ぶんかつ》して、持続可能《かのう》な漁獲の調査《ちょうさ》・研究や漁獲量規制《きせい》などをしています。

漁獲国《ぎょかくこく》別にみた日本のマグロ消費量《しょうひりょう》

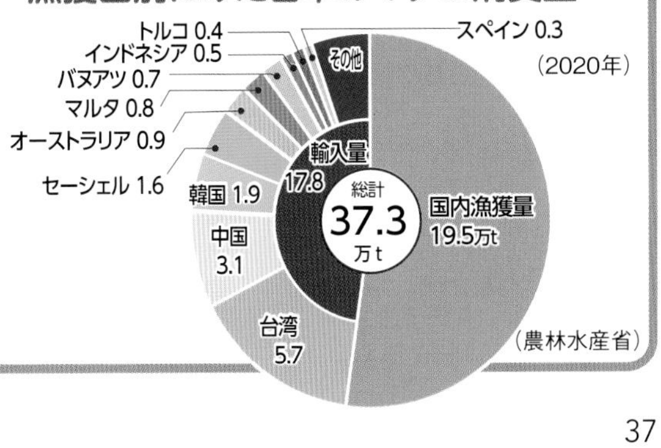

(農林水産省)

さまざまな食料の輸入《ゆにゅう》

わたしたちが食事をする本来の目的は、体に熱エネルギー（熱量）を補充《ほじゅう》することです。エネルギー源《げん》となるおもな栄養素《えいようそ》は、穀物《こくもつ》に多い「炭水化物（糖質《とうしつ》）」、肉・魚・大豆などに多い「タンパク質《しつ》」、食用油などの油脂類《ゆしるい》に多い「脂質《ししつ》」の3つ。「三大栄養素《さんだいえいようそ》」です。

熱量の単位を「カロリー」といいます。右のグラフから見てとれるように、わたしたちは、カロリーの高い食料を多めに食べて1日に必要なエネルギーをとっています。

日本は重要な穀物の小麦の83％を輸入《ゆにゅう》しています。肉類は国内生産用の飼料《しりょう》をふくめるとほとんどを輸入に依存《いぞん》し、魚も半分以上が輸入です。では食用油は、どこでどうやってつくられているのでしょうか。油脂類の食用油は、三大栄養素の1つの脂質を多くふくみカロリーも高い食料です。

●食用油は原料を輸入《ゆにゅう》して生産

脂質《ししつ》は、エネルギー源《げん》であると同時に、体をつくり、体を健康に保《たも》つ栄養素《えいようそ》です。肉や魚の脂肪《しぼう》分《ぶん》から取りいれるほか、食材を炒《いた》めたり揚《あ》げたりして食用油から取りいれます。

日本では年間およそ260万トンの食用油が消費《しょうひ》されています。多く消費されるのは、大豆、ナタネ、ゴマ、綿実《めんじつ》、ヒマワリの種、パーム（アブラヤシ）といった植物の種や実（油糧種子《ゆりょうしゅし》といいます）からつくられた植物性《しょくぶつせい》食用油です。パーム油のように油として輸入《ゆにゅう》されるものもありますが、原料の油糧種子を輸入して日本で油をしぼり食品にする場合が多く、輸入依存度《いぞんど》は95％を超《こ》えます。大豆は4分の3をアメリカから、ナタネはほとんどをカナダから、ゴマはナイジェリアやタンザニアなど多数の国から輸入しています。

油糧種子は、その収穫量《しゅうかくりょう》が世界の食料価格《かかく》に大きな影響《えいきょう》をあたえるとして、国連食糧農業機関《こくれんしょくりょうのうぎょうきかん》（FAO）がつねに監視《かんし》を続けている重要な農作物です。

食品別に見た日本人がとっているカロリー

（2020年）

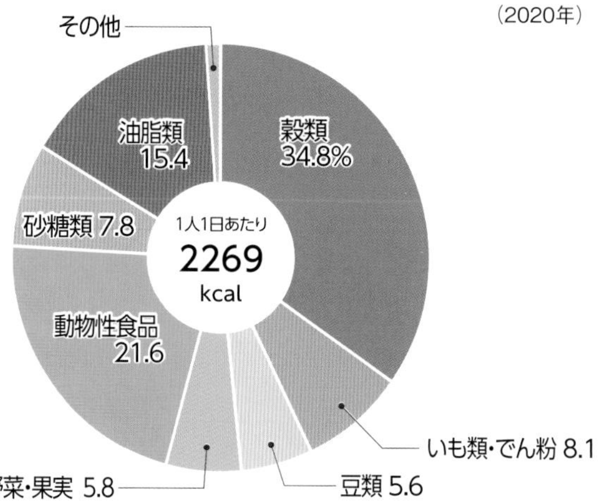

（日本国勢図会2022/23）

ゴマとゴマ油

アブラヤシの実

大豆とナタネの主要生産国と生産割合《わりあい》

（2019/20年）

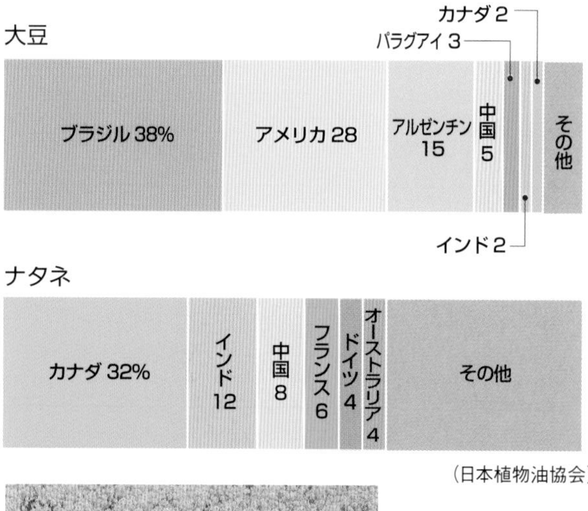

（日本植物油協会）

種子からナタネ油をとるアブラナ

（写真提供:PIXTA）

●果物、野菜、牛乳《ぎゅうにゅう》は？

果物は、国内でも盛《さか》んに生産されていますが、バナナやパイナップル、キウイフルーツのような南方系《なんぽうけい》の果実がたくさん輸入《ゆにゅう》されています。2021年の果物は、国内生産量が259万9000トン、輸入量が415万7000トンでした。輸入果実のほうが上回っています。

腐《くさ》りやすい野菜はほとんど国内生産のように思いがちですが、2021年は、国内生産1101万5000トンに対し、輸入も289万5000トンありました。タマネギ、ニンジンなどが生鮮《せいせん》野菜として、トマト、スイートコーンなどが缶詰《かんづめ》や冷凍品《れいとうひん》で輸入されています。一般《いっぱん》家庭では国内産が好まれるので、輸入生鮮野菜はおもに業務用《ぎょうむよう》として使われるようです。

牛乳《ぎゅうにゅう》・乳製品《にゅうせいひん》は、生乳《せいにゅう》（しぼったままの牛の乳《ちち》）の国内生産量が764万6000トンで、そのうちの約52％が牛乳、47％がチーズなどの乳製品になりました。これに対し、輸入は469万トンほどです（2021年）。食肉生産と同じように乳牛《にゅうぎゅう》の飼育《しいく》にも輸入飼料《しりょう》が多く使われています。牛乳・乳製品の国内生産も、食肉生産と同様に穀物《こくもつ》輸入がないと成り立ちそうにありません。

輸入《ゆにゅう》野菜ランキング

（2020年）

順位	野菜名	輸入量
1位	タマネギ	21万9960 t
2位	かぼちゃ	9万1410 t
3位	ニンジン・かぶ	8万4448 t
4位	ねぎ	5万2769 t
5位	ごぼう	4万0503 t
6位	パプリカ	3万6803 t
7位	キャベツ	3万2390 t
8位	じゃがいも	2万3198 t
9位	にんにく	2万2831 t
10位	アスパラガス	9309 t

（財務省貿易統計）

2021年1月の日本の主な野菜の輸入《ゆにゅう》相手国と品目

順位	国名	輸入量	品目
1位	中国	10万1935 t	生鮮たまねぎ（1万4541t） 生鮮にんじん（4883t） 冷凍ほうれんそうなど（3523t）
2位	アメリカ	2万6265 t	冷凍ばれいしょ（1万8362t） 冷凍スイートコーン（1736t） トマト加工品（1976t）
3位	韓国	3374 t	ジャンボピーマン（1270t） その他調理野菜（1660t） 生鮮トマト（266t）

（農畜産業振興機構）

日本に輸入《ゆにゅう》される果物の輸入相手国

（2020年）

	輸入量（万 t）	主な輸入相手国（数字は輸入量の割合）			
バナナ（生鮮《せいせん》）	106.8	フィリピン 75%	エクアドル 13	メキシコ 7	グアテマラ 2
グレープフルーツ	6.3	南アフリカ 42	アメリカ 27	イスラエル 16	
オレンジ	9.3	アメリカ 53	オーストラリア 45		
レモン・ライム	4.7	アメリカ 48	チリ 40		
パイナップル（生鮮）	15.7	フィリピン 97			
キウイ（生鮮）	11.3	ニュージーランド 94			

（日本国勢図会2022/23）

食料自給率《じきゅうりつ》という見方

わたしたちが無意識《むいしき》に食べている食料の多くが海外からの輸入《ゆにゅう》に依存《いぞん》していました。国内産と思っていた食料も、外国産の原料によって製造《せいぞう》されていたり、輸入飼料《しりょう》によって生み出されていたりすることもわかりました。では日本のわたしたちは、自分の食べるものを、どれだけ自分たちでつくっているのでしょう。

それを知る目安に「食料自給率《じきゅうりつ》」という数字があります。一国の食料消費《しょうひ》に占《し》める国内生産の割合《わりあい》を表します。国内消費の多くを国内生産でまかなえば食料自給率は高くなり、多くを輸入に頼《たよ》れば食料自給率は低くなります。現代《げんだい》は主要農作物のほとんどが国境《こっきょう》を越《こ》えて取引されています。さまざまな食料のすべてを国内生産しているという国はまずないでしょう。それでも国土の広さ、気候、開発水準《すいじゅん》などによって、各国の数字には大きな差があります。

いま日本の食料自給率は、先進各国のなかでも極端《きょくたん》に低い数字になっています。

●下がり続けた日本の食料自給率《じきゅうりつ》

日本の食料自給率《じきゅうりつ》は、高度経済《けいざい》成長期に大きく下がりつづけました。食料自給率低下の原因《げんいん》の1つは、日本人の食生活の変化にあったといわれます。1965年ころの食事と現在《げんざい》の食事を比《くら》べてみると、国内でほとんど自給できる米の量が減《へ》り、原料や飼料《しりょう》を輸入《ゆにゅう》に頼《たよ》らざるを得《え》ない、パンや肉類、油を使った料理や食品、お菓子《かし》などの消費《しょうひ》が大きく増《ふ》えています。

日本の経済が、農業・漁業などから工業・商業・サービス産業中心へと政策転換《せいさくてんかん》していったことも原因の1つです。農業人口や耕作地《こうさくち》も、自給率とともに減少《げんしょう》しています。1965年に894万人を超《こ》えていた農業従事者《じゅうじしゃ》は50年後の2015年には5分の1以下になり、600万ヘクタールあった農地は4分の3の450万ヘクタールに減りました。この間に人口は2900万人近く増加《ぞうか》しています。

日本の食料自給率

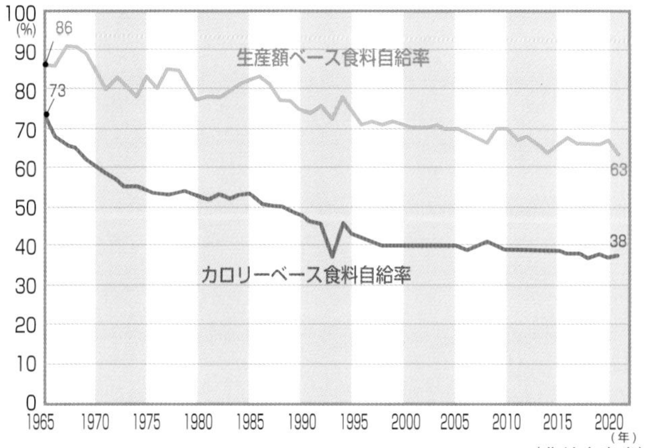

(農林水産省)

品目別自給率《じきゅうりつ》(カロリーベース)(2021年)

品目	自給率(%)
米	98
小麦	17
牛肉	12
豚肉	6
とり肉	8
鶏卵	13
牛乳・乳製品	27
魚介類	53
野菜	75
果実	30
大豆	26
砂糖類	36
油脂類	3
その他	22

(農林水産省)

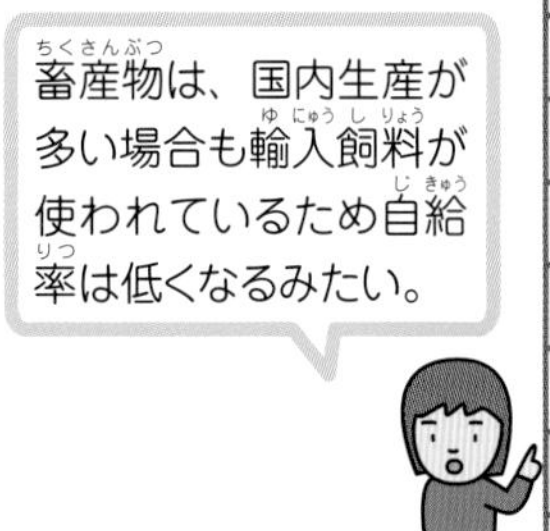

【ことば】生産額《せいさんがく》ベースとカロリーベース

ここまで、穀物《こくもつ》、食肉、魚、食用油などの国内生産量と輸入量《ゆにゅうりょう》を比較《ひかく》するとき、重量（トン）をものさしとして使ってきました。１つの食料の自給率《じきゅうりつ》ならば、重量で計算することができます（重量ベース）。しかし重量は、一国の食料全体の自給率を計算するものさしには使えません。さまざまな食料を同一基準《きじゅん》で計算する「食料自給率」には、「生産額《せいさんがく》ベース」と「カロリーベース」の２つの方法があります。生産額ベースは、品目ごとの重量を金額《きんがく》に換算《かんさん》して総合《そうごう》的に計算する方法です。カロリーベースは、国民１人が１日にとる食料の合計カロリーに占《し》める国産カロリーの割合《わりあい》を計算して表します。世界各国の食料自給率の比較には、カロリーベースが使われています。

●日本の食料自給率《じきゅうりつ》は38%

2021年の日本の食料自給率《じきゅうりつ》は38%で、先進国のなかでも圧倒的《あっとうてき》に低い水準《すいじゅん》にあります。食料自給率が低いということは、農作物の世界全体の収穫量《しゅうかくりょう》が減《へ》って作物価格《かかく》が上昇《じょうしょう》したとき、国内が食料不足になる可能性《かのうせい》が高いということです。21世紀《せいき》になっても戦争は止むことがありません。気候変動による災害《さいがい》も多発しています。新たな感染症《かんせんしょう》も心配されます。緊張《きんちょう》が続く現代《げんだい》の世界にあって、極端《きょくたん》に低い食料自給率は、食料の安定確保《かくほ》に大きなリスクです。ロシアのウクライナ侵攻《しんこう》によって小麦や油糧種子《ゆりょうしゅし》の世界的流通量が減ったとき、日本の食料品が値上《ねあ》がりしたのも、日本の小麦・食用油の自給率が低かったからです。

またロシアのウクライナ侵攻は、食料だけでなく、現在の農業にとって欠《か》かすことのできない化学肥料《ひりょう》も値上がりさせました。日本は国内でつくる化学肥料の原料をほぼすべて輸入に頼っているので、世界の肥料価格の上昇や流通量の減少《げんしょう》は、国内の農作物の収穫量《しゅうかくりょう》を大きく左右することになります。日本は、輸入量が多い農作物だけでなく、国内の農作物生産も海外に依存《いぞん》するところが大きいのです。

これまでも多くの人が日本の食料自給率を高めるべきだと声をあげていました。政府《せいふ》も2030年までに食料自給率を45%にすることを目標に掲《かか》げています。しかし、アメリカや中国のように広大な農地を用意することができない、農作物の種や肥料などを海外に依存している、農業従事者《じゅうじしゃ》の減少や高齢化《こうれいか》などさまざまな課題があり、自給率アップはなかなか前進していません。自動車などの工業製品《せいひん》を日本から輸入《ゆにゅう》してもらう見返りに日本が相手国の農産物を輸入する、といった貿易交渉上《ぼうえきこうしょうじょう》の取り引きも食料自給率アップの足かせになっています。

どうしたら食料自給率を高められるのでしょう。わたしたちは、そのことを考えると同時に、むだな食料消費《しょうひ》が食料輸入を多くしていないか、食生活の見直しがもとめられています。

おもな国の食料自給率《じきゅうりつ》

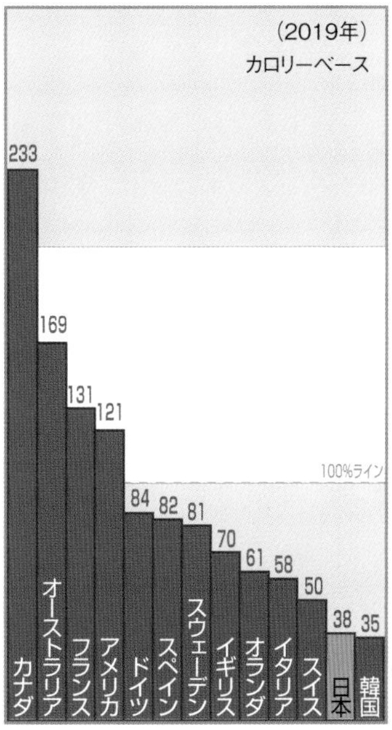

(農林水産省)

大豆
自給率《じきゅうりつ》26%

小麦粉《こむぎこ》
自給率《じきゅうりつ》17%

(写真提供:PIXTA)

エビ天ぷらうどんの自給率《じきゅうりつ》

日本人はエビが大好き。人気のあるエビの天ぷらうどんで食料自給率《じきゅうりつ》をはかってみます。エビの自給率は4%程度《ていど》。天ぷら粉《こ》の小麦は17%、粉《こな》とまぜる卵《たまご》はほとんど国産ですがえさが輸入《ゆにゅう》で自給率は13%、天ぷらを揚《あ》げる油は3%、うどんも小麦粉《こむぎこ》ですから17%、汁《しる》のベースのしょうゆの大豆は26%、100%はエビの上に添《そ》えられる三つ葉や柚子片《ゆずへん》くらいでしょうか。インドやベトナムなどがサイクロンや熱波に襲《おそ》われて養殖《ようしょく》エビが全滅《ぜんめつ》したり、カナダやアメリカの小麦が寒波や干《かん》ばつで凶作《きょうさく》になったりすると、わたしたちはエビ天うどんをかんたんに食べられなくなりそうです。

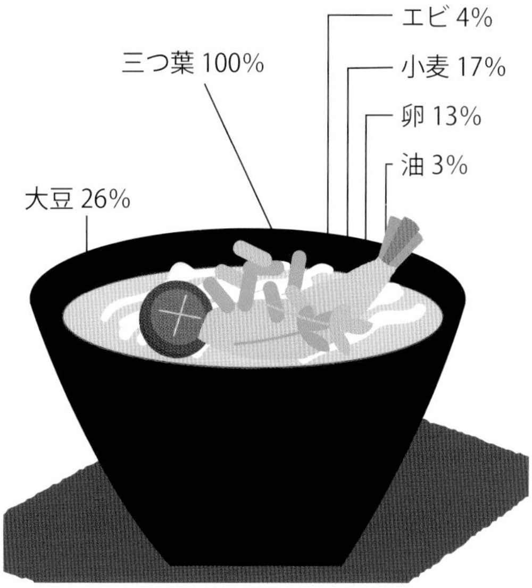

調べてみよう・話し合ってみよう

国連は長いあいだ飢餓《きが》の解消《かいしょう》に努めてきました。世界の国ぐにが力を合わせてSDGs《エス・ディー・ジーズ》に取り組めば、一気に解決《かいけつ》に向かうのでしょうが、世界は複雑《ふくざつ》で、いまはそうはなっていません。飢餓をなくすことは、かんたんではありません。

この本を読んで、飢餓が生まれるさまざまな原因《げんいん》、わたしたちの食生活がそれに無関係でないことなど、世界の食料事情《じじょう》が少し見えてきたと思います。その上で疑問《ぎもん》に思ったこともあるはずです。そんな疑問を自分で調べたり、みんなで話し合ったりしてみましょう。

調べたり話し合ったりすることで、自分の関心や考えを深めることができます。それが行動への第一歩になります。

例をいくつかあげてみました。ヒントにして、調べること、話し合うことを考えてみてください。

●難民《なんみん》について調べてみよう

紛争《ふんそう》、迫害《はくがい》、暴力《ぼうりょく》などさまざまな理由で家を捨《す》て故郷《こきょう》を離《はな》れた「難民《なんみん》」と呼《よ》ばれる人びと。1億人を超《こ》える難民たちのほとんどが食料不足に苦しんでいます。

・世界のどこにどれくらいの難民《なんみん》がいるの？
・その人たちは、どうして難民になったの？
・国連難民高等弁務官事務所《べんむかんじむしょ》（UNHCR）って、なに？
・緒方貞子《おがたさだこ》さんって、なにをした人？
・「気候難民」って、どんな人たち？

●砂糖《さとう》について調べてみよう

砂糖《さとう》の世界の取引量は、小麦、トウモロコシ、大豆に次いで多く、8000 万トンを超《こ》えます。原料となる作物は、熱帯・亜熱帯地域《あねったいちいき》のサトウキビや寒冷な地域でとれるテンサイ。サトウキビ生産には奴《ど》隷《れい》を使った大規模《だいきぼ》農場（プランテーション）経営《けいえい》の歴史《れきし》があります。

・砂糖《さとう》のカロリーについて調べてみる。
・16 世紀以降《せいきいこう》の砂糖の世界史《せかいし》を調べてみる。
・砂糖はどこで生産され、どこで消費《しょうひ》されているの？
・サトウキビのバイオエタノール利用って、なに？

●わが家の一週間の食事をチェックしてみよう

飽食《ほうしょく》、肥満《ひまん》、栄養不足。先進国とされる日本の食料消費《しょうひ》も見直してみる必要がありそうです。ネット上には、料理のカロリー計算表や早見表がいくつも上がっています。利用してみてください。

・食べ物（調味料も）の材料・原料を調べてみる。
・食べ物の原料・材料の生産地（国）を調べてみる。
・1日にとったカロリーと自分の必要カロリーを比《くら》べてみる。
・1週間に買った食料品から、食べ過《す》ぎをチェックしてみる。
・食料の値上《ねあ》がりを食品別に調べてみる。

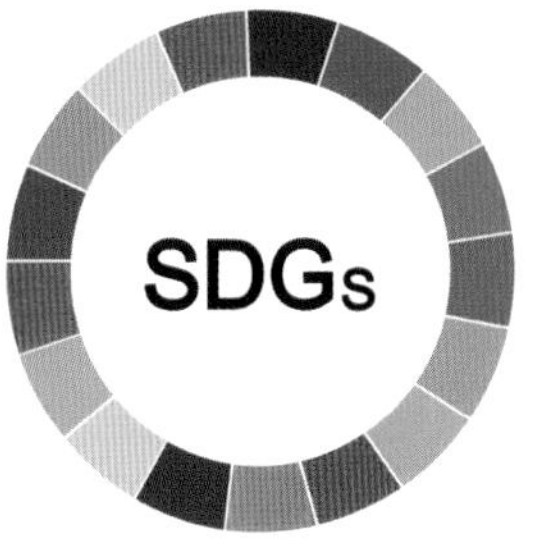

●飢餓《きが》とSDGsについて話し合ってみよう

SDGsは、2番目の目標（ゴール）を「飢餓《きが》をゼロに」としています。しかし飢餓をゼロにするには、それ以外の16の目標の達成も欠かせません。例えば食料不安の国や地域《ちいき》では、生産地での食品ロスが多くなっています。これを減《へ》らすためには、食料支援《しえん》だけでなく貯蔵施設《ちょぞうしせつ》や流通システム開発の技術者《ぎじゅつしゃ》を生産地に派遣《はけん》することが必要です。こうした取り組みは、ゴール17「パートナーシップで目標を達成しよう」が掲《かか》げるターゲットでもあるのです。

・SDGsの各ゴールと現在《げんざい》の食料危機《きき》との関係を考えてみる。

●国連の役割《やくわり》と食料の公平な分配ついて話し合ってみよう

「世界の経済《けいざい》は資本主義《しほんしゅぎ》によって動いている。だから、お金のない国、貧《まず》しい人びとが食料を買えないのは仕方がない」

はたして、そうでしょうか。国連に加盟《かめい》するすべての国は、人が人間らしく生きることを保障《ほしょう》しています。理想を語り合うことは大事なことです。理想なく現実《げんじつ》を学ぶことにあまり意味はありません。

・穀物《こくもつ》を世界に公平に分配する可能性《かのうせい》を考えてみる。
・国連食糧農業機関《こくれんしょくりょうのうぎょうきかん》(FAO)や国連世界食糧計画《しょくりょうけいかく》(WFP)について調べ発表してみる。
・国連にどんな力をもたせたら飢餓《きが》を解消《かいしょう》できるか考えてみる。

あとがき

食卓《しょくたく》は世界につながっている

国谷《くにや》裕子《ひろこ》

生きていくために欠かせない食料。わたしたちは栄養のバランスの取れた食べ物を摂取《せっしゅ》することで健康を保《たも》つことができます。同時に美味しい食べ物は大きな喜《よろこ》び、幸せをもたらします。

日本は世界中から食料を買い求める輸入《ゆにゅう》大国で、世界の生産者が作る農産物や加工食品に依存《いぞん》しながら豊《ゆた》かな食生活を続けてきました。ところが今、日本が依存している世界の食料システムは持続可能《じぞくかのう》ではないという懸念《けねん》の声が高まっています。とても大変なことです。この本はわたしたちの食卓《しょくたく》を支《ささ》えている食料システムが抱《かか》える歪《ゆが》みや課題を様々《さまざま》な角度から知っていただく一冊《さつ》です。

今後、世界の人口が現在《げんざい》の80億《おく》人から100億人近くに増《ふ》えると予想されるなかで、食料の需要《じゅよう》はますます増えていきます。しかし、地球温暖化《ちきゅうおんだんか》によって異常気象《いじょうきしょう》が頻発《ひんぱつ》し、穀倉《こくそう》地帯が洪水《こうずい》や渇水《かっすい》、高温に見舞《みま》われるようになり、食料生産は不安定化しつつあります。これまで大量に輸出《ゆしゅつ》していた生産国の収《しゅう》量《りょう》が減《へ》れば、自国の人びとの食料が優先的《ゆうせんてき》に確保《かくほ》されて輸出される食料は減り、価格《かかく》が高《こう》騰《とう》し、買いたくても買えない事態《じたい》が起きるかもしれません。

2020年にノーベル平和賞《へいわしょう》を受賞《じゅしょう》した国連の世界食糧計画《せかいしょくりょうけいかく》（ＷＦＰ）のビーズリー事務《じむ》局長《きょくちょう》にインタビューしたことがありますが、ビーズリーさんは、「食料の生産は、世界の人口を養うのに十分な量があるにもかかわらず、ショックがあると貧困層《ひんこんそう》に食料が届《とど》かなくなる。新型《しんがた》コロナパンデミックは、脆弱《ぜいじゃく》だった食料システムをさらに悪化させた」と語っていました。その後、ロシアによるウクライナ侵攻《しんこう》は、食料システムにさらなるショックをあたえてしまいました。

現在、世界での食料輸出量の80％はわずか20か国からの輸出で占《し》められています。この本の図にもあったように、大豆はたった2か国からの輸出で全体の85％を占め、また重要な飼料穀物《しりょうこくもつ》であるトウモロコシの輸入《ゆにゅう》量《りょう》の78％は、わずか4か国からの輸出に依存しています。これは2020年の数字ですが、この4か国のなかにはウクライナが入っていますから、22年から始まったウクライナでの戦争はトウモロコシ価格の急騰《きゅうとう》、供給《きょうきゅう》不足を招《まね》きました。ひとたび生産や輸送《ゆそう》で問題が発生すると、こうした食料の輸出入《ゆしゅつにゅう》の仕組みから、その影響《えいきょう》はすぐに世界的に拡大《かくだい》してしまうのです。

開発途上国《かいはつとじょうこく》では、食料システムのグローバル化が進むなか、次第に主食である穀物類《こくもつるい》の生産を減らし、今、触《ふ》れたように限《かぎ》られた食料輸出国に依存するようになっています。この状況《じょうきょう》では、パンデミックや戦争・紛争《ふんそう》による経済混乱《けいざいこんらん》は開発途上国の食料危機《きき》に直結します。日本も先進国のなかでは食料自給率《じきゅうりつ》は極めて低く、地球の環境《かんきょう》変化や不安定化する国際情勢《こくさいじょうせい》の影響を受けやすくなっています。

地球温暖化、経済格差《かくさ》、食料貿易《ぼうえき》の拡大、頻発する紛争など世界の食料システムが直面している課題は大きなものばかりです。深刻《しんこく》化《か》することが予想される食料の確保をどうすれば安定的なものにすることが出来るのか。SDGs《エス・ディー・ジーズ》が目指している世界、飢餓《きが》をなくし、世界中の人々に健康、幸せをもたらす食事が行《い》き渡《わた》るようにするには、どうしたらいいのか。この本は皆《みな》さんに問いかけています。

さくいん

あ

か

さ

た

な

は

ま

や

ら

わ

監修：国谷裕子（くにや・ひろこ）

キャスター。FAO（国連食糧農業機関）日本担当親善大使。大阪府生まれ。米ブラウン大学卒業。
1981年NHK「7時のニュース」英語放送の翻訳・アナウンスを担当、報道の世界へ。NHK衛星「ワールドニュース」キャスターを経て、93年から2016年までNHK総合「クローズアップ現代」のキャスターを務め、広く共感を呼ぶ。その後、SDGsについて取材活動を続け、広く理解をしてもらう様々な活動を行っている。11年に日本記者クラブ賞、16年ギャラクシー賞特別賞などを受賞。
著書に『キャスターという仕事』（岩波書店）、監訳『HOPE』（ダイヤモンド社）があるほか、『国谷裕子と考えるSDGsがわかる本』『国谷裕子とチャレンジ！未来のためのSDGs』（全4巻）『国谷裕子と考える気候危機と脱炭素社会』（以上文溪堂）の監修も手がける。

装幀
村口敬太（Linon）

本文レイアウト
Noside

文・構成
西戸山学

イラスト・漫画・図版・キャラクターデザイン
松島りつこ　Yamamoto Yukiko　板垣真誠　yuyuja

編集協力
市川はるみ

企画・編集・制作
キックオフプラス（小松亮一　すずきしのぶ）

写真提供
カバー・表紙
上：AP/アフロ、右下：SWNS/アフロ、左下：ロイター/アフロ

国谷裕子と考えるSDGsと食料危機

❶食料危機とはなにか？

2023年2月　初版第1刷発行
監修者　国谷裕子
発行者　水谷泰三
発行所　株式会社**文溪堂**

〒112-8635　東京都文京区大塚3-16-12
TEL　営業（03）5976-1515　編集（03）5976-1511
ホームページ　https://www.bunkei.co.jp

印刷・製本　図書印刷株式会社

ISBN978-4-7999-0490-9　NDC611　48p　293×215mm